THOMAS PIKETTY E O SEGREDO DOS RICOS

Organização:
Silvio Caccia Bava

Tradução EQUIPE LE MONDE DIPLOMATIQUE BRASIL
Capa e projeto gráfico DANIEL KONDO
Revisão ALBERTINA PEREIRA LEITE PIVA

LE MONDE DIPLOMATIQUE BRASIL

Diretor SILVIO CACCIA BAVA
Editor LUIS BRASILINO

Dados Internacionais de Catalogação na Publicação – CIP

B329   Bava, Silvio Caccia, Org.
Thomas Piketty e o segredo dos ricos. / Organização de Silvio Caccia Bava.
Tradução: Equipe Le Monde Diplomatique Brasil. – São Paulo: Veneta;
Le Monde Diplomatique Brasil, 2014.
168 p.

ISBN 978-85-63137-25-8

1. Economia. 2. Sistema Econômico. 3. Capitalismo. 4. Desigualdade Econômica. 5.
Desigualdade Social. 6. Distribuição da Riqueza. 7. Política Tributária. 8. Piketty,
Thomas (1971 -). I. Título. II. Le Monde Diplomatique Brasil. III. Dowbor, Ladislau.
IV. Kempf, Hervé. V. Panier, Frédéric. VI. Geuens, Geoffrey. VII. Jacoby, Russell. VIII.
Daie, Fábio Salem. IX. Guimarães, Samuel Pinheiro. X. Gondim, Fátima, XI. Lettieri,
Marcelo. XII. Vergopoulos, Kostas. XIII. Belluzzo, Luiz Gonzaga. XIV. Bava, Silvio
Caccia, Organizador. XV. O capital do Século XXI.

CDU 330
CDD 300

EDITORA VENETA
R. Araújo, 124 (1º andar)
01220-020 São Paulo SP Brasil
Telefone: +55 11 3211 1233
contato@veneta.com.br
veneta.com.br

10 Entender a desigualdade
Dowbor

22 Na pista dos abastados
Piketty

30 A febre e o termômetro
Piketty

34 Estados Unidos: soa o alarme da desigualdade
Vergopoulos

44 Como os ricos estão destruindo o mundo
Kempf

54 Paraísos fiscais
Panier

64 Tributação e desigualdade
Gondim e Lettieri

76 Capital financeiro e desigualdade
Belluzzo

88 Os mercados financeiros têm rosto
Geuens

98 A denúncia das desigualdades, e seus limites
Russell Jacoby

112 Democracia: um projeto em extinção
Daie

126 Alternativas Brasileiras
Pinheiro Guimarães

ENTENDER A DESIGUALDADE:

REFLEXÕES SOBRE O CAPITAL NO SÉCULO XXI

Ladislau Dowbor

Economista, professor da PUC-SP e consultor de várias agências das Nações Unidas. Site:http://dowbor.org

O livro de Thomas Piketty está nos fazendo refletir, não só na esquerda, mas em todo o espectro político. Cada um, naturalmente, digere os argumentos, e, em particular a arquitetura teórica do volume, à sua maneira. O estudo é amplo e não se trata de resumi-lo, e sim de apontar alguns eixos interessantes de deslocamento da discussão sobre o que está acontecendo com as nossas economias. Inclusive como tira-gosto para a leitura do original.

A verdade é que Thomas Piketty, com a força da juventude e uma saudável distância das polarizações ideológicas que tanto permeiam a análise econômica, abriu novas janelas, trouxe vento fresco, nos permitiu deslocar a visão. Se bem que o problema da distribuição da renda sempre estivesse presente nas discussões, a teoria econômica terminou centrando-se muito mais no PIB, na produção de bens e serviços, e muito insuficientemente na repartição e nos mecanismos que aumentam ou reduzem a desigualdade.

Essa atingiu níveis obscenos. Quando uma centena de pessoas são donas de mais riqueza do que a metade da população mundial, enquanto um bilhão de pessoas passa fome, francamente, achar que o sistema está dando certo é prova de cegueira mental avançada. Um sistema que sabe produzir, mas não sabe distribuir, é tão funcional quanto a metade de uma roda. Para quem controla o sistema, no nível das elites, ou consegue nele se agarrar, no nível da classe média, o processo parece funcional. Para o grosso da humanidade, há dúvidas sobre essa funcionalidade.

Já não se fazem pobres como antigamente. Aqueles bons pobres que diziam humildemente "sim sinhô" nas fazendas do interior, ou os *indígenas* de cabeça baixa, ou os africanos do *bwana*, ou ainda os *coolies* da Ásia, toda essa gente tem hoje informação e consciência de que poderia ter acesso a uma escola decente para os seus filhos, saúde para as suas famílias, um tratamento menos desigual nos confrontos do cotidiano. Há um imenso saco cheio que hoje varre o planeta. A progressiva desagregação e perda de governança planetária tem um denominador comum: o *contrato social* que deveria embasar o nosso convívio como sociedades está cada vez mais corrompido, e a desigualdade está no centro desse processo.

Um amplo estudo do Banco Mundial ajudou bastante ao mostrar que basicamente quem nasce pobre permanece pobre, e que quem enriquece é porque já nasceu bem. É a chamada armadilha da pobreza, a *poverty trap*. Essa pesquisa mostrou que a pobreza simplesmente trava as oportunidades para dela sair. Com Amartya Sen passamos a entender a pobreza como falta de liberdade de escolher a vida que se quer levar, como privação de opções. O excelente *La Hora de la Igualdad* da CEPAL mostrou que a América Latina e o Caribe atingiram um grau de desigualdade que exige que centremos as nossas estratégias de desenvolvimento em torno a essa questão. Isso para mencionar algumas iniciativas básicas. O livro do Piketty não surge do nada, sistematiza um conjunto de visões que vinham sendo construídas.

E há naturalmente o acompanhamento do desastre crescente através de tantas instituições de estudos estatísticos. Hoje conhecemos o tamanho do rombo, temos dados para tudo, sabemos quem são os pobres. O *The Next 4 Billion* do Banco Mundial mostra que temos quase dois terços da população do planeta "sem acesso aos benefícios da globalização", outros dados nos mostram os dois bilhões que vivem com menos de dois dólares ao dia, outros ainda se debruçam sobre os que vivem com menos de 1,25 dólar ao dia (um pouco mais de um bilhão de pessoas), temos inclusive os detalhes dos 180 milhões de crianças que passam fome, de 4 milhões de crianças que morrem anualmente por não ter acesso a uma coisa tão elementar como água limpa. O *Working for the Few*, da Oxfam/UK, apresenta uma visão geral da desigualdade, em particular a da riqueza (patrimônio familiar acumulado), que ultrapassa de longe a desigualdade da renda.

Os próprios mecanismos foram se tornando mais claros nos últimos anos. O *Tax Justice Network* mostra que os ricos detêm em paraísos fiscais entre 21 e 32 trilhões de dólares, entre um terço e metade do PIB mundial, escapando, portanto, da tributação. O *Economist* confirma esses dados e os arredonda para 20 trilhões. O Instituto Federal Suíço de Pesquisa Tecnológica mostra em pesquisa planetária que 147 grupos controlam 40% do capital corporativo mundial, sendo três quartos deles bancos, intermediários financeiros e não produtores. Basicamente, a partir dos anos 1980 o capitalismo entra na fase de dominação dos intermediários financeiros sobre os processos produtivos – o rabo passa a abanar o cachorro (*the tail wags the dog*) é a expressão usada por americanos como Joel Kurtzmann – e com isso a desigualdade entra no processo cumulativo de desigualdade.

Os nossos dilemas não são misteriosos. Estamos administrando o planeta para uma minoria, através de um modelo de produção e consumo que acaba com os nossos recursos naturais, transformando o binômio desigualdade/meio ambiente numa autêntica catástrofe em câmara lenta. Enquanto isso, os recursos necessários para financiar as políticas de equilíbrio estão girando na ciranda dos intermediários financeiros, na mão de algumas centenas de grupos que sequer conseguem administrar com um mínimo de competência as massas de dinheiro que controlam. O desafio, obviamente, é reorientar os recursos para financiar as políticas sociais destinadas a gerar uma economia inclusiva e para financiar a reconversão dos processos de produção e de consumo que revertam a destruição do meio ambiente.

Falta convencer, naturalmente, o 1% que controla esse universo financeiro diretamente através dos bancos e outras instituições e crescentemente de modo indireto através da apropriação dos processos políticos e das legislações. As pessoas não entendem o que é um bilionário, e realmente não é um desafio que faz parte do nosso cotidiano. Mas uma forma simples de entender essa estranha criatura nos é apresentada por Susan George: um bilhão de dólares aplicados em modestos 5% ao ano numa poupança, rendem ao seu proprietário 137 mil dólares ao dia. O que ele vai fazer com esse dinheiro? Por mais guloso que seja o bilionário, não há caviar que resolva. O dinheiro, portanto, é reaplicado, e a fortuna se transforma numa bola de neve, gerando os super-ricos, os que literalmente não sabem o que fazer com o seu dinheiro.

Um segundo mecanismo a ser entendido é a diferença entre a renda e o patrimônio. A renda é anual – resultado de salário, de aluguéis, do rendimento de aplicações financeiras etc., –enquanto o patrimônio (*net household wealth*, patrimônio domiciliar líquido), constitui a riqueza acumulada, sob forma de casas, contas bancárias (menos dívidas), ações e outras formas de riqueza. A verdade é que quem ganha pouco compra roupa para os filhos, paga aluguel, gasta uma grande parte da sua renda em comida e transporte, e não compra belas casas, fazendas e iates, e muito menos ainda faz aplicações financeiras de alto rendimento. O pobre gasta, o rico acumula. Sem processo redistributivo, gera-se uma dinâmica insustentável.

Como esse rendimento não pode ser absorvido pelo consumo individual, transforma-se em mais aplicações, gerando uma espiral ascendente de enriquecimento, enquanto a renda das famílias na base da sociedade estagna. Gera-se assim um processo cumulativo de desigualdade. A partir de um certo nível, o grosso do ganho resulta não do esforço produtivo, mas do próprio mecanismo de aplicações financeiras.

A CONCENTRAÇÃO DA RENDA GLOBAL

Riqueza (US$)	Porcentagem da população mundial	Número de adultos (em milhões)	Porcentagem da riqueza mundial	Riqueza total (em trilhões de dólares)
< 10.000	68,7	3.207	3,0	7
10.000-100.000	22,9	1.066	13,7	33
100.000-1 milhão	7,7	361	42,3	102
> 1 milhão	0,7	32	41,0	99

Fonte: Global Wealth Report 2013, Zurique, Crédit Suisse

Nas cifras da tabela acima, do Crédit Suisse, banco que tem tudo para entender de fortunas acumuladas, constatamos que 0,7% da população mundial, 32 milhões de pessoas, se apropriaram de 41% da riqueza do planeta (patrimônio acumulado, não renda), enquanto 68,7%, 3,2 bilhões de pessoas com patrimônio inferior a 10 mil dólares têm apenas 3%. Cifras muito mais interessantes ainda se referem aos super-ricos, os 0,1 e 0,01% da população mundial, onde essa concentração cresce exponencialmente[2].

Não só a riqueza se acumula no topo da pirâmide social, mas o rendimento financeiro, que é como os muito ricos acumulam, evolui num ritmo muito superior ao crescimento da economia em geral. As grandes fortunas, inclusive, permitem aplicações financeiras de alto rendimento, muito além das pequenas aplicações típicas da classe média. Tomando o exemplo do fundo de aplicações da universidade de Harvard, cujos dados são abertos e detalhados no longo prazo, trata-se de rendimentos da ordem de 10% líquidos, enquanto a economia cresce entre 1,5 e 2%.

O fato do livro do Piketty se basear na distinção entre o fluxo anual de renda e o estoque de riqueza acumulada, permite assim deixar muito mais claro o processo cumulativo de desigualdade que se construiu na sociedade moderna. Como, além disso, o poder político dos mais ricos permitiu passar leis que desregulam a especulação financeira e que reduzem drasticamente o imposto sobre a fortuna ou sobre transmissões de herança, fica clara a falha estrutural do sistema em termos de equilíbrios de longo prazo[3]. "A evolução geral não deixa nenhuma dúvida: para além das bolhas, estamosassistindo sim a um grande retorno do capital privado nos países ricos desde os anos 1970, ou melhor à emergência de um novo capitalismo patrimonial".(273)

As projeções para o nosso século, que é o que Piketty apresenta, mostram a necessidade de intervenções reguladoras: "Uma conclusão parece se delinear com clareza: seria ilusório imaginar que existam na estrutura do crescimento moderno, ou nas leis da economia de mercado, forças de convergência que levem naturalmente a uma redução das desigualdades patrimoniais ou a uma harmoniosa estabilização". (598)

O livro do Piketty não é apenas muito bom, é oportuno. Pois é nessa situação explosiva de desigualdade no planeta, quando até Davos (Davos, meu Deus!) clama que a situação é insustentável, que surge uma explicitação de como se dão os principais mecanismos que geram a desigualdade, como evoluíram no longo prazo, como se apresentam no limiar do século XXI, e, em particular, como o problema pode ser enfrentado.

O raciocínio básico é simples e transparente: os avanços produtivos do planeta se situam na ordem de 1,5% a 2% ao ano, enquanto as aplicações financeiras dos que possuem capital acumulado aumentam numa ordem superior a 5%. Isso significa que uma parte crescente do que o planeta produz passa para a propriedade dos detentores de capital, que passam a viver da renda que esse capital gera, o que justamente nos leva à fantástica concentração de riqueza nas mãos de poucos. E do lado propositivo, esperar que mecanismos econômicos resolvam o desequilíbrio crescente faz pouco sentido: precisamos criar ou expandir, segundo os casos, um imposto progressivo sobre o capital. O que inclusive seria produtivo, pois incitaria os seus detentores a buscar realizar investimentos produtivos em vez de observarem sentados o crescimento das suas aplicações financeiras.

Utópico? Os ricos pagarem impostos não é utópico, é necessário. E tributar o capital parado nas cirandas financeiras, rendendo sem produção correspondente, é particularmente interessante. Na proposta de Piketty para a Europa, seriam 0% para patrimônios inferiores a 1 milhão de euros, 1% para os que se situam entre 1 e 5 milhões, e 2% para os acima de 5 milhões. Não é trágico, não deve levar os muito ricos ao desespero, e geraria o equivalente a 2% do PIB europeu (cerca de 300 bilhões de euros), o suficiente para liquidar por exemplo o endividamento público em poucos anos e tirar os países membros das mãos dos intermediários financeiros (889). Seria um bom primeiro passo.

É interessante puxar essa análise para a realidade brasileira. Na listagem da Forbes 2014 apresentam-se os 15 bilionários do país[4].

1) Marinho, Organizações Globo, US$ 28,9 bilhões
2) Safra, Banco Safra, US$ 20,1 bilhões
3) Ermírio de Moraes, Grupo Votorantim, US$ 15,4 bilhões
4) Moreira Salles, Itaú/Unibanco, US$ 12,4 bilhões
5) Camargo, Grupo Camargo Corrêa, US$ 8 bilhões
6) Villela, holding Itaúsa, US$ 5 bilhões
7) Maggi, Soja, US$ 4,9 bilhões
8) Aguiar, Bradesco, US$ 4,5 bilhões
9) Batista, JBS, US$ 4,3 bilhões
10) Odebrecht, Organização Odebrecht US$ 3,9 bilhões
11) Civita, Grupo Abril, US$ 3,3 bilhões
12) Setubal, Itaú, US$ 3,3 bilhões
13) Igel, Grupo Ultra, US$ 3,2 bilhões
14) Marcondes Penido, CCR, US$ 2,8 bilhões
15) Feffer, Grupo Suzano, US$ 2,3 bilhões

Veja-se que se trata essencialmente de bancos (concessão pública, com carta patente, para trabalhar com dinheiro do público); de meios de comunicação (concessão pública de banda de espectro eletromagnético para prestar serviço de comunicação à população); de construtoras (as grandes, que trabalham com contratos públicos, nas condições que conhecemos); e de exploração de recursos naturais (solo, água, minérios) que são do país e que não precisaram produzir: o Imposto Territorial Rural, por exemplo, praticamente não existe no Brasil. É o divórcio crescente entre quem enriquece e quem contribui para o país. Piketty é claro: "A experiência histórica indica ademais que desigualdades de fortuna tão desmesuradas não têm grande coisa a ver com o espírito empreendedor, e não têm nenhuma utilidade para o crescimento". (944)

Novo? Não, não é novo, mas é apresentado no livro do Piketty de maneira muito legível (inclusive para não economistas), extremamente bem documentada e com uma clareza na explicação passo a passo que transforma a obra numa ferramenta de trabalho de primeira ordem.

1 Thomas Piketty – *Le capital au XXIº siècle* – Paris, Seuil, 2013 (edição em inglês e em espanhol disponíveis online, em português prevista para novembro) – Os números no nosso texto se referem às páginas dessa edição original francesa.

2 Sobre estes dados, ver o excelente relatório da OXFAM, 2014, disponível em <http://dowbor.org/blog/wp-content/uploads/2014/01/www.oxfam_.org_sites_www.oxfam_.org_files_bp-working-for-few-political-capture-economic-inequality-200114-en.pdf> ; a tabela do Crédit Suisse está na p. 9.

3 Piketty aponta "o interesse em se representar assim a evolução histórica da relação capital/renda e de se explorar dessa maneira as contas nacionais em termos de estoque e de fluxo". Thomas Piketty, *Le Capital au XXIº Siècle*, p. 305.

4 Ver artigo em <http://dowbor.org/2014/05/patrimonio-dos-15-mais-ricos-supera-renda-de-14-milhoes-do-bolsa-familia-maio-2014-3p.html/>.

DIMINUIÇÃO DOS IMPOSTOS, RETORNO ÀS FORTUNAS DE OUTRORA

Quando se trata dos ricos, o menor preço fiscal se tornou, de fato, uma moda internacional

Por Thomas Piketty

Diretor de estudos na Escola de Altos Estudos em Ciências Sociais (EHESS).

Como as desigualdades de renda, de salários e de patrimônios evoluíram na França ao longo do século XX, e por quê? Essa pesquisa repousa em fontes fiscais que nunca tinham sido realmente exploradas durante um longo período e sobre a análise dos discursos e programas políticos em matéria de redistribuição.

As desigualdades foram diminuídas na França no século XX[1]. Mas, ao contrário do que certas teorias otimistas poderiam levar a crer, essa redução não se assemelha em nada a um fenômeno generalizado e irreversível. Em particular, pode-se constatar que a desigualdade dos salários, para além das múltiplas flutuações de curto e médio prazo, na realidade praticamente não mudou. Por exemplo, sobre os assalariados, os 10% mais bem remunerados sempre receberam um salário médio de cerca de 2,5 a 2,6 vezes o salário médio do conjunto da população; os 1% mais bem remunerados sempre receberam um salário médio de cerca de 6 a 7 vezes o salário médio do conjunto da população...

As diferentes formas de trabalho humano se transformaram totalmente entre as duas extremidades do século, e o poder de compra médio foi multiplicado por 5 aproximadamente, mas a hierarquia das remunerações continuou a mesma. Essa impressionante estabilidade deve sem dúvida ser colocada em paralelo não apenas com a permanência das diferenças de qualificação e formação, mas também com o amplo consenso que sempre rodeou essas hierarquias salariais: a desigualdade dos salários nunca foi realmente questionada por qualquer movimento político que fosse.

Se as desigualdades de renda se reduziram no século XX, no entanto, isso se deve essencialmente aos choques sofridos pelas mais altas rendas do capital. Os patrimônios muito grandes (a as altíssimas rendas de capital que estão vinculadas a eles) conheceram um verdadeiro desmoronamento após as crises do período 1914-1945 (destruições, inflação, falência nos anos 1930).

As décadas que se seguiram depois de 1945 nem sempre permitiram que essas fortunas e essas rendas recuperassem o nível astronômico em que se encontravam nas vésperas da Primeira Guerra Mundial. A explicação mais convincente está ligada ao impacto dinâmico do imposto progressivo sobre o acúmulo e a reconstituição de patrimônios importantes.

De fato, a alta concentração das fortunas observada no início do século XX é o produto de um século de acúmulo em período de paz: entre 1815 e 1914, as fortunas cresciam sem medo nem do imposto de renda nem do imposto sobre as sucessões (as taxas de imposto mais elevadas atingiam níveis irrisórios antes de 1914). Ao final dos choques do período de 1914-1945, as condições de acúmulo de patrimônios importantes se transformaram totalmente: as taxas superiores dos impostos de renda e sobre as sucessões atingiram níveis extremamente elevados (aqueles aplicados às maiores rendas ultrapassavam os 90% nos anos 1920).

Tornou-se materialmente impossível retornar aos níveis de fortunas comparáveis aos que existiam antes dos choques. O tamanho das transformações assim induzidas merece ser ressaltado: o abismo que separa as 0,01% maiores rendas (na prática, sempre constituídas por uma parte preponderante de rendas de capital) da média das rendas era cerca de 5 vezes mais considerável no início do século XX do que depois de 1945. Não foram as rendas do capital em si que desapareceram, mas sua concentração que diminuiu consideravelmente: a partilha global da renda nacional entre rendas do trabalho e rendas do capital foi estável na França ao longo do século, mas as repartições no interior de cada uma dessas categorias evoluiu de maneira totalmente diferente (a repartição das rendas do trabalho praticamente não mudou, enquanto a das rendas do capital se comprimiu consideravelmente).

Em outras palavras, nada permite alimentar a ideia segundo a qual as desigualdades já teriam começado a se reduzir antes do início do primeiro conflito mundial. Na ausência dos choques dos anos 1914-1945, é provável que a França não tivesse deixado tão cedo o topo da desigualdade do início do século passado. Em particular, foi preciso esperar os traumas humanos e financeiros provocados pelas guerras mundiais e a crise dos anos 1930 para que a redistribuição fiscal ganhasse uma importância determinante.

Isso não significa necessariamente que seja necessário considerar a compreensão das desigualdades como sendo fruto do acaso dos acontecimentos bélicos ou econômicos. Não é proibido ver nas crises dos anos 1914-1945 uma resposta natural à desigualdade insustentável que caracterizava, então, o capitalismo.

Um retorno ao século XIX seria possível? Os elementos da história comparativa podem fornecer algumas pistas. Em todos os países desenvolvidos, os maiores patrimônios foram amplamente dilapidados ao longo dos anos 1914-1945. Mas os Estados Unidos, além do fato de que partiam de mais baixo e que os choques ali foram menos profundos do que na Europa, se singularizaram por um retorno muito rápido ao longo dos anos 1980-1990: em duas décadas, as desigualdades reencontraram o nível em que estavam na véspera da Primeira Guerra Mundial. Por que os países europeus, e a França em primeiro lugar, não acabaram por seguir a trajetória americana e por reencontrar ao longo das primeiras décadas do século XXI a alta concentração de fortunas e de rendas que prevalecia no final do século XIX e no início do século XX?

Uma tal predição seria com certeza extremamente arriscada. O exame detalhado do século passado mostra com efeito que a história das desigualdades é amplamente imprevisível. Em particular a desigualdade dos salários, a despeito de sua grande estabilidade secular, conheceu ao longo do século XX uma alternância complexa de fases de compressão e ampliação. As rupturas dessa história foram frequentemente as mesmas da história geral da França: além das duas guerras mundiais, que conduziram a compressões importantes das hierarquias salariais, rapidamente executadas quando de cada um dos dois pós-guerras, 1936, 1968 e 1982-1983 constituem também momentos de virada importantes na história da desigualdade dos salários. Seria realmente espantoso que não se observasse o mesmo tipo de flutuações e rupturas ao longo deste século; seria presunçoso pretender poder prevê-las.

Tão incerta quanto possa ser, a ideia de um retorno ao século XIX tem, no entanto, um certo número de fundamentos objetivos. Em primeiro lugar, a transformação dos sistemas produtivos observada nos países desenvolvidos na virada do terceiro milênio: caracterizada pelo declínio dos setores industriais tradicionais e o desenvolvimento da sociedade de serviços e das tecnologias da informação (mas todas as épocas viram setores antigos declinarem e novos setores surgirem), ela provavelmente tem como consequência favorecer um crescimento rápido das desigualdades. Em particular, o forte crescimento registrado nos novos setores tende a permitir o acúmulo, em um tempo relativamente curto, de fortunas profissionais consideráveis. Esse fenômeno já foi observado nos Estados Unidos nos anos 1990, e temos dificuldades em imaginar por que ele não ganharia também a Europa.

Ainda por cima e talvez principalmente por isso, a reconstituição, no início do século XXI, de grandes patrimônios de um nível comparável aos do início do século [XX] é amplamente facilitado pela diminuição generalizada das taxas marginais de impostos que atingem as rendas mais altas. É evidentemente muito mais fácil constituir (ou reconstituir) patrimônios importantes quando as taxas marginais superiores são de 30% ou 40% (ou até claramente menos, com as exonerações particulares) do que quando essas taxas superiores são de 70% ou 80%, até mais, como durante os "trinta anos gloriosos", principalmente nos países anglo-saxões.

Pensionistas ou empreendedores

Nos Estados Unidos, e, numa menor medida, no Reino Unido, o aumento das desigualdades patrimoniais observado ao longo dos anos 1980-1990 foi amplamente facilitado pelas fortes diminuições de impostos das quais se beneficiaram as rendas mais altas desde o fim dos anos 1970. Na França e nos países da Europa continental, a conjuntura política e ideológica inicial era diferente: quando a crise econômica dos anos 1970 foi rapidamente interpretada pelas opiniões anglo-saxãs como uma confissão de fracasso das políticas intervencionistas colocadas em prática no final da Segunda Guerra Mundial (a começar pelo imposto progressivo), as opiniões europeias recusaram por muito tempo questionar as instituições associadas ao período sagrado do crescimento.

Mas esse grande abismo transatlântico acabou diminuindo: além do fato de que a estagnação dos poderes de compra constatada ao longo dos anos 1980-1990 levou a uma certa rejeição do imposto sobre a renda, a existência (real ou suposta) de uma mobilidade cada vez mais forte dos capitais e dos "super executivos" constitui hoje um poderoso fator que leva diferentes países a se alinharem numa fiscalidade leve para as rendas em questão.

Tudo parece, então, nos levar a fazer dos primeiros anos deste século os anos fastos para os detentores de patrimônio.

Mas essa conjuntura econômica e intelectual vai durar? A experiência do século XX sugere que as sociedades muito evidentemente desiguais são intrinsicamente instáveis. O estudo do século passado confirma que uma concentração muito forte do capital pode ter consequências negativas em termos de eficiência econômica, e não apenas do ponto de vista da justiça social. É bem possível que o achatamento das desigualdades patrimoniais que ocorreu ao longo do período 1914-1945, acelerando o declínio das antigas dinastias capitalistas e favorecendo o surgimento de novas gerações de empreendedores, tenha contribuído para dinamizar as economias ocidentais dos "trinta anos gloriosos". O imposto progressivo tem o mérito de impedir que se reconstituam as situações análogas àquela que prevalecia na véspera da Primeira Guerra Mundial, e seu desaparecimento poderia ter como efeito a longo prazo uma certa esclerose econômica de impostos que atingem as rendas mais altas.

Este artigo retoma as principais conclusões do livro *Les Hauts Revenus en France au XXe siècle - Inégalités et redistributions* (As Altas Rendas na França no Século XX – Desigualdades e Redistribuições, 1901-1998), Grasset, Paris, 812 páginas.

---

1 Essa pesquisa se apoia principalmente sobre uma exploração sistemática de fontes fiscais: as declarações de renda (que aparecem com a criação do imposto de renda em 1914), as declarações de salários (que aparecem com a criação de um imposto sobre os salários em 1917) e as declarações de sucessão (que aparecem com a criação do imposto progressivo sobre as sucessões em 1901).

A FEBRE E O TERMÔMETRO

A riqueza além de onde os olhos podem ver

Por Thomas Piketty
Diretor de estudos na Escola de Altos Estudos em Ciências Sociais (EHESS).

Em tudo o que diz respeito à observação das altas rendas e dos grandes patrimônios, o aparelho estatístico público francês do fim do século XX e do começo do século XXI é bem mais pobre do que era no entre-guerras e nos anos 1950-1960, e ele pode até mesmo ser ainda mais pobre do que era em todos os primeiros anos do século XX. A administração francesa não produz mais nenhuma estatística regular sobre as sucessões (o que, no entanto, ela fez de 1902 a 1964, publicando os resultados de análises extremamente detalhadas das declarações, principalmente sobre o que diz respeito às sucessões muito grandes), e as estatísticas anuais estabelecidas a partir das declarações de rendas desde 1915, não permitindo mais que se acompanhe com a mesma precisão que antes a evolução das rendas muito altas (essas estatísticas, inclusive, deixaram de ser publicadas). Os impostos sobre a fortuna criados e aplicados nos anos 1980-1990 (IFG, depois ISF) não mudaram em nada esse estado das coisas: hoje é impossível para um simples cidadão saber como evoluem o nível e a repartição dos patrimônios submetidos ao imposto pela simples e boa razão de que a administração não divulga mais nenhuma estatística regular. (...)

Esse empobrecimento estatístico, longe de ser fruto do acaso ou da negligência administrativa, dá testemunho, na realidade, de uma profunda transformação da demanda social de representação da desigualdade: uma visão centrada sobre as desigualdades patrimoniais e a existência de enormes fortunas foi substituída por uma visão fundada sobre as categorias socio profissionais e que acorda apenas um lugar simbólico às altas rendas e aos detentores de patrimônio. A figura do capitalista ou do pensionista, tão presente na sociedade do início do século e do entre-guerras, deu lugar, desde 1945 à do gerente. Essa evolução é a consequência da tomada de consciência coletiva sobre o desmoronamento sofrido pelos grandes patrimônios (Ler "Diminuição dos impostos, retorno às fortunas de outrora"): claramente menos numerosas, as pessoas que vivem disso (...) saíram, em grande medida, da paisagem social. Mas essa evolução das representações, se tem alguns fundamentos objetivos incontestáveis, não é menos terrivelmente excessiva: os grandes detentores de patrimônio nunca desapareceram totalmente, e, principalmente com as novas categorias estatísticas, tornou-se extremamente difícil ter a medida de um eventual retorno às realidades do passado.

Essas dificuldades ainda são agravadas pela evolução da legislação fiscal: a multiplicação dos regimes de tarifação derrogatórios em favor das rendas do capital implica que é cada vez mais difícil levar em conta todas as rendas anexas das pessoas em questão (algumas dessas rendas nem devem mais ser declaradas). Em um primeiro momento, esses regimes derrogatórios foram inclusive concebidos como uma resposta aos choques sofridos pelos patrimônios e suas rendas ao longo dos anos 1914-1945: ao final da Segunda Guerra Mundial, a redução das condições de tarifação das rendas do capital se tornou admissível e até mesmo desejável, pois se tratava não de acordar conforto às grandes fortunas, aniquiladas pelas crises, mas sim de favorecer a constituição de novas classes poupadoras e acelerar a reconstrução. Mas essa evolução continuou nos anos 1980-1990, e nada indica que ela tenha terminado (pensamos principalmente na diminuição da fiscalidade dos stock-options decidida pelo governo Jospin no início do ano 2000). Essa segunda fase não tem uma verdadeira justificativa econômica e é principalmente a consequência da concorrência fiscal à qual se entregam os diferentes países desenvolvidos.

A despeito dessas dificuldades de ordem estatística, podemos estar relativamente certos de que as grandes rendas e os enormes patrimônios ainda estão longe de reencontrar, no alvorecer do século XXI, o lugar que tinham na véspera da Primeira Guerra Mundial (...) Não podemos, no entanto, excluir o fato de que o aumento tendencial das desigualdades observado ao longo dos anos 1980-1990 toma proporções mais imponentes durante as primeiras décadas do século XXI.

(Trechos da conclusão do livro *Les Hauts Revenus en France au XXe siècle* [As Altas Rendas na França no século XX], Grasset, 2001)

ESTADOS UNIDOS: SOA O ALARME DA DESIGUALDADE

O fim de uma ilusão

Por Kostas Vergopoulos
Professor emérito de Ciências Econômicas da Universidade Paris 8.

Nas águas tranquilas dos debates sobre o futuro do capitalismo, quem veio quebrar a calmaria não foi um contestador declarado, mas um dos mais ardentes defensores do sistema: Lawrence Summers. Ex-reitor de Harvard, ele ficou famoso por sua paixão pela desregulamentação bancária quando ocupou o cargo de secretário das Finanças do segundo governo Clinton (1999-2001). Nomeado por Barack Obama diretor do Conselho Econômico Nacional (National Economic Council, NEC), cargo que ocupou até 2010, Summers agora distribui seus conselhos para o mundo das finanças (o fundo especulativo D.E. Shaw dirigiu-lhe US$ 5,2 milhões entre 2008 e 2009), sobretudo por meio de conferências pelas quais se pagam até US$ 135 mil. Assim, ninguém esperava que dele soprasse a menor brisa de contestação.

Mas ela veio no dia 9 de novembro de 2013, na conferência anual do Fundo Monetário Internacional (FMI),[1] em Washington. "E se o capitalismo não puder ser reformado e estiver preso na armadilha de uma estagnação secular?", perguntou o amigo dos banqueiros. "Tentamos de tudo para reiniciar o crescimento, mas o sistema hesita em reiniciar como antes." Constatando que, como já praticava taxas de juros próximas a zero, o Federal Reserve (Banco Central norte-americano) quase não tinha mais margem de manobra para estimular a economia, Summers apresentou uma tese que deve ter gelado o sangue da plateia: "As bolhas talvez tenham se tornado o preço inevitável a pagar para evitar os riscos mais graves de deflação e desemprego estrutural em massa".

Quatro indicadores fundamentais, todos com tendência de baixa, explicam esse humor negro: a queda contínua, por três décadas, da taxa de juros natural*, ou seja, o lucro (os termos marcados com asterisco estão explicados no glossário); o recuo, há treze anos, da produtividade do trabalho; a contração da demanda interna desde a década de 1980; e, finalmente, a estagnação ou mesmo regressão do investimento produtivo* e da formação bruta de capital fixo* desde 2001, a despeito das injeções maciças de estímulos monetários praticadas tanto por Alan Greenspan como por seu sucessor à frente do Federal Reserve, Ben Bernanke[2].

Resultado: ansiosos por garantir sua própria sobrevivência, os detentores do capital já não procuram maximizar os lucros incrementando a produção, mas aumentando as retiradas sobre o valor agregado* – mesmo à custa da contração do crescimento. O sistema estaria exausto, sem nenhum remédio que pareça capaz de socorrê-lo, tendo ainda de enfrentar problemas sociais que agravam um pouco mais a "corrosão" do edifício. De um lado, o crescimento das desigualdades enfraquece a classe média, considerada "fiadora" da estabilidade da sociedade, das instituições e da democracia; de outro, o desemprego em massa leva ao mesmo tempo a uma perda de rendimento (para a nação) e de lucros potenciais (para o capital).

Empresas que não mais investem

Assim que as palavras "estagnação" e "secular" foram lançadas, começaram a chover reações. Elas foram de perplexidade entre os progressistas, surpresos por se reconhecerem na constatação da "irreformabilidade" do capitalismo colocada por um de seus adversários ideológicos declarados; e de negação entre os conservadores, desconfiados ao ver um dos seus duvidar também. A estes, no entanto, o dissidente lembrou: "Não devemos confundir previsão e recomendação[3]".

O temor de Summers primeiro foi percebido como um eco do diagnóstico formulado nos anos 1930 pelo economista norte-americano Alvin Hansen (1887-1975)[4]. Mas a "estagnação secular" vislumbrada por este decorria sobretudo do abrandamento do crescimento demográfico e do esgotamento das grandes inovações tecnológicas capazes de insuflar uma segunda juventude ao sistema econômico. Sua análise colocava-se ao lado daquela elaborada por John Maynard Keynes, pessimista sobre o futuro do capitalismo, porém convencido de que a crise deveria (e poderia) ser evitada. Summers, no entanto, não evoca o fator demográfico nem qualquer esgotamento das inovações tecnológicas. Ele fundamenta sua avaliação no balanço empírico das últimas três décadas.

A direita neoliberal acusa-o de inverter a cadeia de causalidade: as bolhas financeiras não teriam estimulado o crescimento, mas conduzido ao impasse; o resultado econômico pífio dos países ocidentais não explicaria seu superendividamento, mas decorreria dele. O ex-membro do conselho do Banco Central Europeu (BCE) Lorenzo Bini Smaghi assim avalia: "Não é a austeridade que enfraquece o crescimento, mas o inverso: é o crescimento fraco que torna a austeridade necessária [5]". Há quem chegue a apelar para Keynes contra Summers: enquanto o economista britânico propunha a "eutanásia dos rentistas" – nada menos que isso –, tolerar as bolhas financeiras para estabilizar a economia seria, ao contrário, adulá-los [6].

Quando o ex-ministro pediu a restauração do "círculo virtuoso" do crescimento, seus críticos ortodoxos apresentaram-lhe as virtudes da "austeridade expansiva", que estimularia a economia "saneando" suas bases. Se o problema atual é realmente secular, argumentam, ele requer soluções que também o sejam, e não "passes de mágica". Exemplos de soluções estruturais evocadas: redução da carga fiscal sobre as empresas ou, como reivindicam os republicanos nos Estados Unidos, "libertar a economia do peso esmagador do Estado de bem-estar", descrito como "o mais caro do mundo[7]". Outros, como Kenneth Rogoff, professor de Harvard, sugerem que o baixo crescimento desde 2008 não reflete uma tendência secular, mas a incapacidade de os governos gerirem sua dívida sem prejudicar o crescimento[8].

No campo progressista, Paul Krugman, vencedor do Prêmio de Ciências Econômicas em Memória de Alfred Nobel, do Banco Real da Suécia, endossa a constatação de Summers, mas refuta sua conclusão: a ideia da estagnação como "nova norma" do sistema capitalista [9]. Segundo ele, é um equívoco considerar que foram empregados todos os meios para estimular a economia: apenas a arma monetária teria sido usada, por meio da baixa da taxa de juros e da emissão de liquidez adicional. Resta, portanto, a arma orçamental, que permite o estímulo por meio de investimentos públicos, o que permitiria compensar a contração de seus corolários privados.

Isso porque, embora tenham caixa, as grandes empresas não investem. Em 22 de janeiro, o *Financial Times* informou que as empresas não financeiras dos Estados Unidos detinham US$ 2,8 trilhões, sendo US$ 150 bilhões apenas nos cofres da Apple. O jornalista James Saft observou, no *New York Times*: "As empresas parecem bem mais dispostas a empilhar notas, ou utilizá-las para recomprar ações, do que a criar novas capacidades produtivas".[10] Os ativos intangíveis* representavam cerca de 5% dos ativos de empresas norte-americanas nos anos 1970; em 2010, essa proporção era de 60%.

Entre 2010 e 2013, o Federal Reserve injetou quase US$ 4 trilhões na economia dos Estados Unidos. Mas, longe de reforçar a capacidade produtiva do país, boa parte dessa soma foi para investimentos especulativos altamente rentáveis, sobretudo nos países emergentes. De modo que a quantidade total de liquidez hoje "disponível" na economia norte-americana continua inferior à de 2008. O mesmo fenômeno acontece na Europa[11].

Uma economia que se recusa a reagir com dinheiro fluindo? O problema é bem conhecido: trata-se da "armadilha da liquidez" descrita por Keynes em 1930. Para sair disso, uma única solução: recorrer à segunda ferramenta da política econômica, a despesa orçamentária. "Em tempos de recessão", diz Krugman, "qualquer despesa é boa. A produtiva é melhor, mas até a despesa improdutiva é melhor que nada[12]".

Uma ideia absurda na Europa

Enquanto os admiradores dos grandes pensadores liberais, como Ayn Rand, Friedrich Hayek e Milton Friedman, continuam a defender a desigualdade, a qual erigem em condição incontornável para a recuperação e a prosperidade, os Estados Unidos tomam consciência de sua nocividade. Em sua fala no dia 4 de dezembro de 2013, e mais ainda no discurso sobre o estado da União em 29 de janeiro de 2014, o presidente Obama não apenas denunciou as diferenças de renda e riqueza – que não param de crescer –, mas também insistiu que "a desigualdade mata a economia, o crescimento, o emprego".

Ex-ministro do Trabalho de Bill Clinton, Robert Reich acaba de fazer um documentário, intitulado "Inequality for all" [Desigualdade para todos], sobre o agravamento das desigualdades nos Estados Unidos. O salário médio era de US$ 48 mil em 1978; hoje, em termos de poder de compra, não passa do equivalente a US$ 34 mil. Em contraste, a renda familiar média do percentil mais rico da população norte-americana, que em 1978 era de US$ 393 mil, passou para US$ 1,1 milhão. Em cinco anos, 1% da população captou 90% do crescimento do PIB e 99% da população dividiu os outros 10%. Quatrocentos e cinquenta indivíduos dispõem sozinhos do mesmo montante que 150 milhões de norte-americanos[13]. No entanto, embora nos Estados Unidos se admita cada vez mais abertamente a relação entre desigualdade e estagnação, na Europa, e particularmente na Alemanha, essa ideia ainda é tida como maluquice.

A situação atual lembra outro período da história marcado por uma concentração de riqueza comparável: os anos 1920, que terminaram no crash de 1929 e na Grande Depressão. Então por que continuar negando a relação de causa e efeito entre o empobrecimento da maioria da população e a desaceleração econômica? As despesas de 450 indivíduos nunca poderiam valer as de 150 milhões de norte-americanos: quanto mais os rendimentos se concentram no cume, mais a despesa nacional se contrai, em favor da poupança e da financeirização, em detrimento do investimento e do emprego. Quando o patrimônio dos mais ricos cresce não por meio da produção, mas por uma drenagem sobre o valor agregado, o crescimento desacelera. E o sistema corrói as próprias condições de sua reprodução.

O neoliberalismo, que pretendia tirar o capitalismo da crise, aprofundou-a. E não estamosdiante de uma "nova norma", mas de um impasse...

Glossário
Ativos intangíveis

Distinguem-se dos ativos físicos (terrenos, imóveis, commodities...) e abrangem tudo que se relaciona aos conhecimentos e competências da empresa, sua marca, patentes, propriedade intelectual, a qualidade de sua organização, técnicas comerciais etc.

Formação bruta de capital fixo
Parte do PIB dedicada ao investimento em capital fixo (equipamentos e capacidades produtivas).

Investimento produtivo
Investimento que aumenta a produção e o emprego, em oposição aos investimentos financeiros, que geram lucros sem produção ou emprego.

Taxa de juros natural
Conceito utilizado pelo economista sueco Knut Wicksell (1851-1926) para distinguir o rendimento "natural" do capital, ou seja, o aumento da produção causado por uma unidade adicional de capital, de seu rendimento "monetário", igual às taxas de juros em vigor.

Valor agregado
Soma das riquezas produzidas em um ano. Ele se divide em duas partes: salários e lucros. Se um aumenta, o outro diminui

1   "Forteenth Jacques Polak Annual Conference: Crises, yesterday and today" [14ª Conferência Anual Jacques Polak: Crise, ontem e hoje], FMI, Washington, 8-9 nov. 2013.

2   Lawrence Summers, "Why stagnation might prove to be the new normal" [Por que a estagnação pode vir a ser a nova norma], *Financial Times*, Londres, 22 nov. 2013.

3   Lawrence Summers, "Economic stagnation is not our fate – unless we let it be" [Estagnação econômica não é nosso destino – a menos que a deixemos ser], *The Washington Post*, 18 dez. 2013.

4   Cf. Alvin Hansen, Fiscal policy and business cycles [Política fiscal e ciclos de negócio], Norton & Company Inc., Nova York, 1941.

5   Citado pelo *Financial Times*, 12 nov. 2013.

6   Cf. Izabella Kaminska, "Secular stagnation and the bastardization of Keynes" [Estagnação secular e o abastardamento de Keynes], *Financial Times*, 13 nov. 2013.

COMO OS RICOS ESTÃO DESTRUINDO O MUNDO

Os efeitos da desigualdade econômica no meio ambiente

Hervé Kempf*

É jornalista, autor de *Comment les riches détruisent la planète* [Como os ricos estão destruindo o planeta], Seuil, Paris, 2007.

As três ou quatro gerações localizadas na virada do terceiro milênio são as primeiras na história da humanidade, desde que os bípedes percorrem o planeta, a alcançar os limites da biosfera. E esse encontro não se dá sob o signo da harmonia, mas de uma enorme crise ecológica.

Vejamos alguns aspectos. O primeiro deles é a nova preocupação dos climatólogos: há alguns anos, eles trabalham com a hipótese de uma possível irreversibilidade das mudanças climáticas. Até então, pensava-se que haveria um aquecimento gradual, mas que, quando a humanidade percebesse a gravidade da situação, seria possível recuar e reencontrar o equilíbrio climático. Mas agora os climatólogos dizem que é possível atingirmos um limite no qual o sistema climático deslize para uma desordem irreversível. Diversas séries de observações alimentam essa preocupação: as geleiras da Groenlândia estão derretendo muito mais rápido que o previsto pelos modelos elaborados; os oceanos poderiam absorver menos dióxido de carbono; o aquecimento já em curso poderia acelerar o derretimento do permafrost, enorme camada de solo congelado localizada na Sibéria e no Canadá, ameaçando liberar enormes quantidades de dióxido de carbono e metano nele contidas.

O segundo aspecto é que a crise ecológica não se limita à mudança climática. Essa é o fenômeno mais conhecido do público em geral, mas é apenas um lado da crise global, que tem outro da mesma importância: a erosão da biodiversidade, cuja magnitude é muito bem ilustrada pelo fato de os especialistas designarem como "sexta crise de extinção" o acelerado desaparecimento de espécies pelo qual passa nossa época. A quinta crise de extinção, há 65 milhões de anos, viu o desaparecimento dos dinossauros.

O terceiro aspecto, talvez menos sensível ou menos bem sintetizado que a questão da mudança climática: a contaminação química generalizada de nosso meio ambiente, que tem dois elementos particularmente perturbadores. Um é a contaminação por poluentes químicos, mesmo que em doses mínimas, de toda a cadeia alimentar. O outro, que se torna cada vez mais claro é que o maior ecossistema do planeta, o conjunto dos oceanos, cuja capacidade de regeneração parecia-nos quase infinita, está cada vez mais fragilizado, seja pela poluição, seja pela degradação de um ou outro de seus ecossistemas particulares.

Essa introdução define a urgência política de nossa era. No entanto, não é de hoje, e nem de ontem, mas de há décadas que nossa sociedade está advertida do perigo. Desde que Rachel Carson lançou o alerta, em 1962, com o livro *Silent Spring* [Primavera Silenciosa]; desde que, nos anos 1970, a questão ambiental penetrou ruidosamente no debate público – desde então, conferências internacionais, artigos científicos e lutas de ambientalistas produziram um volume de conhecimentos que sempre confirmaram a tendência geral.

Por que, então, nossas sociedades não se orientam de fato para políticas que possam impedir o aprofundamento da crise ambiental? Essa é a questão crucial. Para responder, precisamos analisar as relações de poder em nossas sociedades. Elas são organizadas para impedir essas políticas necessárias.

Como? Há duas décadas, o capitalismo caracteriza-se pelo retorno da pobreza em países ricos. A queda da taxa de pobreza, contínua desde o final da década de 1940, foi interrompida nos países ocidentais e, em alguns casos, inverteu-se. Do mesmo modo, o número de pessoas em situação precária, ou seja, ligeiramente acima da linha da pobreza, aumenta de forma regular. Além disso, em nível mundial, o número de pessoas em situação de pobreza absoluta, ou seja, que vivem com menos de dois dólares por dia, é da ordem de dois bilhões, enquanto a Organização para a Alimentação e Agricultura (FAO, do inglês Food and Agricultural Organization) estima em 820 milhões o número de seres humanos desnutridos.

O aumento da desigualdade nos últimos 20 anos é outro aspecto da crise social. Ele é comprovado por muitos estudos. Um deles, conduzido por dois economistas de Harvard e do Federal Reserve Board, é dos mais reveladores. Carola Frydman e Raven E. Saks compararam a relação entre o salário dos três maiores líderes das 500 maiores empresas estadunidenses ao salário médio de seus empregados. Esse indicador do avanço da desigualdade manteve-se estável da década de 1940, quando começou a observação, até a década de 1970: os executivos das empresas consideradas ganhavam cerca de 35 vezes o salário médio de seus empregados. A partir de então, essa relação passou a crescer de maneira regular, até que nos anos 2000 o salário dos executivos correspondia a cerca de 130 vezes o da média dos empregados.

Esses estudos indicam a ocorrência de uma ruptura no funcionamento do capitalismo de 60 anos para cá. Durante o período conhecido como os "trinta anos gloriosos", o enriquecimento coletivo permitido pela alta contínua da produtividade foi distribuído de forma bastante equilibrada entre capital e trabalho, ainda que as relações de desigualdade tenham permanecido estáveis. A partir dos anos 1980, um conjunto de circunstâncias, que não cabe analisar aqui, levou a um descolamento cada vez maior entre os detentores do capital e a massa dos cidadãos. A oligarquia acumulou rendimentos e patrimônio em um grau que não se via há um século.

É essencial observar a forma concreta como os super--ricos usam seu dinheiro. Ele não é mais escondido, como no tempo da austera burguesia protestante descrita por Max Weber: ao contrário, alimenta um consumo ostentatório de iates, aviões particulares, mansões imensas, joias, relógios, viagens exóticas, uma ofuscante montanha de dilapidação luxuosa. Os franceses descobriram em Nicolas Sarkozy um desolador exemplo desse comportamento ostentatório.

Por que isso é um motor da crise ecológica? Para entender, precisamos voltar ao grande economista Thorstein Veblen, cujo pensamento foi colocado por Raymond Aron no mesmo nível do de Carl von Clausewitz ou Alexis de Tocqueville. Embora esquecido hoje, ele é de uma pertinência notável.

Resumamos grosseiramente o que diz Veblen. Ele afirma que a tendência à competição é inerente à natureza humana. Cada um de nós tem uma propensão a se comparar com os outros, procurando manifestar, por meio de traços exteriores, uma pequena superioridade, uma diferença simbólica em relação às pessoas com quem vivemos. Veblen não afirmou que a natureza humana resume-se a essa característica, e não fazia um julgamento moral, apenas uma constatação. Baseando-se em numerosos depoimentos de etnógrafos de sua época, ele também observou que essa forma de rivalidade simbólica é observada em todas as sociedades.

Além disso, todas as sociedades produzem com bastante facilidade a riqueza necessária para atender suas necessidades de alimentação, habitação, educação das crianças, convívio etc. No entanto, costumam produzir uma quantidade de riqueza bem superior à satisfação dessas necessidades. Por quê? Porque se trata de permitir que seus membros distingam-se uns dos outros.

Veblen também observou que existem frequentemente várias classes dentro de uma sociedade. Cada uma delas é regida pelo princípio da rivalidade ostentatória. E, em cada classe, os indivíduos tomam como modelo o comportamento vigente na classe social superior, que mostra o que é bom, o que é chique fazer. A camada social imitada toma como exemplo aquilo que se localiza acima dela na escala da fortuna. Essa imitação reproduz-se de baixo até o alto, de modo que a classe no topo define o modelo cultural geral daquilo que é prestigiado, daquilo que impressiona.

O que se passa em uma sociedade muito desigual? Ela gera um desperdício enorme, porque a dilapidação material da oligarquia – ela própria dominada pela competição ostentatória – serve de exemplo a toda a sociedade. Cada um em seu nível, dentro dos limites de seus rendimentos, procura adquirir os bens e signos mais valorizados. Mídia, publicidade, filmes, novelas, revistas *"people"* são as ferramentas de difusão do modelo cultural dominante.

Como, então, a oligarquia bloqueia as mudanças necessárias para prevenir o agravamento da crise ambiental? Diretamente, é claro, pelos poderosos instrumentos – políticos, econômicos e midiáticos – de que dispõe e que utiliza para manter seus privilégios. Mas também indiretamente, o que tem a mesma importância, por meio desse modelo cultural de consumo que impregna toda a sociedade e define sua normalidade.

Voltemos à ecologia. Prevenir o agravamento da crise ambiental, e até começar a recuperar o meio ambiente, é um princípio bastante simples: basta que a humanidade reduza seu impacto sobre a biosfera. Chegar a isso também é um princípio muito simples: significa reduzir nossas retiradas de minerais, madeira, água, ouro, petróleo etc., e reduzir nossas emissões de gases de efeito estufa, resíduos químicos, materiais radiativos, embalagens etc. Ou seja, reduzir o consumo material global de nossas sociedades. Essa redução é a alavanca essencial para mudar a situação ambiental.

Quem vai reduzir seu consumo material? Estima-se que

20% a 30% da população mundial consumam de 70% a 80% dos recursos retirados anualmente da biosfera. Portanto, é desses 20% a 30% que a mudança tem de vir, isso é, essencialmente, dos povos da América do Norte, Europa e Japão. Nessas sociedades superdesenvolvidas, não é aos pobres, aos beneficiários de programas sociais, aos modestos assalariados que vamos propor uma redução do consumo material. Mas também não são apenas os super-ricos que precisam fazer essa redução: porque mesmo que Sarkozy, Vincent Bolloré, Alain Minc, Bernard Arnault, Arnaud Lagardère, Jacques Attali e seu cortejo de oligarcas dispensem a limusine com motorista, os relógios cintilantes, as compras em carros de luxo em Saint-Tropez, eles não são tão numerosos a ponto de isso significar um impacto ambiental coletivo suficiente. É ao conjunto da classe média ocidental que deve ser proposta a redução do consumo material.

Vemos aqui que a questão da desigualdade é central: a classe média não aceitará seguir a direção do menor consumo material se perdurar a atual situação de desigualdade, se a mudança necessária não for equitativamente adotada. Recriar o sentimento de solidariedade essencial para alcançar essa reorientação radical de nossa cultura supõe, obviamente, que se realize uma rigorosa diminuição da desigualdade – o que, aliás, transformaria o modelo cultural existente.

A proposta de redução do consumo material pode parecer provocativa no banho ideológico em que estamos imersos. Mas hoje o aumento do consumo material global não se associa mais a um aumento do bem-estar coletivo – ao contrário, produz sua degradação. Uma civilização que escolha a redução do consumo material abrirá as portas para outras políticas. Com a transferência de riqueza que reduziria as desigualdades, ela poderia estimular as atividades humanas socialmente úteis e de baixo impacto ambiental. Saúde, educação, transportes, energia, agricultura – são muitos os domínios em que as necessidades sociais são grandes e as possibilidades de ação, importantes. Trata-se de renovar a economia pela ideia da utilidade humana, em vez da obsessão pela produção material; de promover os laços sociais, em vez da satisfação individual. Diante da crise ambiental, temos de consumir menos para distribuir melhor. Para poder mos viver melhor juntos, em vez de consumir sozinhos.

PARAÍSOS FISCAIS, O MODELO BELGA

Refúgios para os pobres bilionários

Por Frédéric Panier*
* Economista da Universidade de Stanford

Em período eleitoral, é cômodo atribuir os males da nação a um bode expiatório. Durante a campanha presidencial francesa de 2012, um convidado surpresa veio se juntar aos migrantes e aos países emergentes com baixos salários na lista dos alvos dos impetrantes à função suprema. Um após outro, os candidatos tanto de esquerda como de direita apontaram o dedo para o calmo Reino da Bélgica, acusado de abrigar um número crescente de exilados ricos franceses atraídos pelo vantajoso regime fiscal de um país raso que não é o deles.

Para começo de conversa, essa acusação parece ter mais a ver com uma homenagem apoiada mais no surrealismo belga do que numa constatação factual. Como a vizinha França, a Bélgica dispõe de um dos estados sociais mais avançados no mundo: ela assegura seu financiamento por rendas fiscais que, em 2009, se elevavam a 45,9% do produto interno bruto (PIB), ou seja cerca de 2% mais que a França. Nos dois países, as rendas do trabalho são objeto de importantes descontos sob a forma de cotizações sociais por um lado e, de outro, por uma taxação progressiva sob o regime do imposto sobre a renda, com taxas marginais superiores que se avizinham dos 50%[1]. Bruxelas faz assim o jogo igual ao de Paris em matéria de taxação global das rendas do capital: essas receitas se situam, segundo os anos, entre 8,5 e 10% do PIB, ou seja, uma cifra ligeiramente superior à média europeia[2].

Nessa base, não dá para imaginar a Bélgica rivalizando com a Suíça ou o Luxemburgo para atrair os exilados fiscais.

E, no entanto, um relatório do Conselho Francês dos Descontos Obrigatórios revela que ela constituía, em 2006, o primeiro destino dos expatriados franceses submetidos ao imposto sobre as fortunas (ISF)[3]. A presença crescente de cidadãos franceses nas avenidas abastadas de Bruxelas se explicaria simplesmente pelos encantos ocultos da capital europeia?

A verdadeira razão, menos romântica, tem a ver com uma especificidade do sistema belga: se a maioria dos contribuintes é ali submetida a descontos que estão entre os mais altos do mundo, a classe dos capitalistas se beneficia de um regime particularmente favorável, capaz até de gerar invejosos. Willard ("Mitt") Romney, por exemplo. Em janeiro de 2012, o grande favorito na corrida à investidura republicana para a eleição presidencial americana tornava públicas suas declarações de impostos. Essas revelavam não somente a extensão de seus rendimentos (mais de 22 milhões de dólares em 2009), mas igualmente o fato de que ele tinha pago menos de 14% de impostos, ou seja, uma taxa inferior àquela à qual é submetido um grande número de seus concidadãos. Ora, por mais surpreendente que isso possa ser, se Romney morasse na Bélgica, ele teria tido de declarar menos de 2 milhões de dólares de rendimentos tributáveis. Seus cachês recebidos por discursos – ainda assim mais de 400.000 dólares – e sua remuneração de administrador de empresa – mais de 100.000 dólares – teriam constituído uma de suas principais fontes de rendimento tributável. Os outros não teriam sido objeto de nenhuma declaração ao fisco e, assim sendo, não teriam sido submetidos ao regime progressivo do imposto sobre a renda. Pela mesma razão, eles teriam ficado totalmente invisíveis nas estatísticas públicas de distribuição de rendas. Daí os Estados Unidos surgirem como um estado socialista diante do paraíso liberal belga...

Sobre seus 22 milhões de dólares de rendas, Romney recebeu, em 2009, um pouco mais de 8 milhões de dólares de interesses e dividendos. Ele, por exemplo, ganhou 1,8 milhão de dólares de lucros, graciosamente pagos pelo contribuinte americano, sobre os títulos da dívida pública de seu próprio país retidos por seus fundos de investimentos pessoais. Enquanto nos Estados Unidos essas somas devem, como todas as outras, ser declaradas à administração fiscal, a Bélgica adotou o regime do abatimento mobiliário liberatório: as empresas ou instituições financeiras que pagam lucros ou dividendos descontam uma taxa proporcional (15% em 2009) sobre os montantes pagos, a qual dispensa o contribuinte de qualquer imposto posterior. Um tal sistema torna não somente impossível qualquer taxação progressiva, mas impede igualmente de estimar de maneira precisa a distribuição das rendas, já que a identidade dos beneficiários nunca é transmitida à administração fiscal.

Produto direto da riqueza, os lucros e dividendos constituem evidentemente uma parte mais importante da renda dos mais afortunados. Em 2008, nos Estados Unidos, eles representavam um pouco mais de 13% da renda tributável total para 1% dos lares mais ricos, mas menos de 5,5% para os 4% dos lares seguintes[4]. No que concerne a esse ponto, o sistema fiscal francês não é fundamentalmente diferente, já que os lucros e, desde 2008, os dividendos podem igualmente ser objeto de um desconto liberatório. A taxa de tributação francesa é, no entanto, nitidamente mais elevada que a taxa belga[5], o que, no final, constitui a única coisa com a qual se preocupam os candidatos potenciais à expatriação.

O fabuloso desaparecimento dos rendimentos de capital no sistema fiscal belga não para aí. Voltemos ao nosso exemplo: sobre os 14 milhões de dólares restantes após a dedução dos juros e dividendos recebidos por Romney, mais de 12 milhões são o produto de "mais-valias em capital" obtidas pelo candidato republicano quando da revenda de ativos a um preço superior a seu valor de aquisição. Trata-se, essencialmente, dos benefícios realizados por ocasião de centenas de operações de compra e venda de ações. Na França e nos Estados Unidos, essas mais-valias, ainda que se beneficiem de um regime muito favorável, devem em princípio ser declaradas ao fisco. Não na Bélgica, onde, salvo exceção, elas escapam a qualquer taxação.

No entanto, mais ainda que as outras rendas mobiliárias, as mais-valias em capital são captadas pelas camadas mais ricas da população. Nos Estados Unidos, em 2008, elas representavam 21,8 da renda tributável do 1% dos lares mais ricos, e cerca de 45% para o 0,01% mais alto. Essa cifra caía para menos de 3,3% para os 4% dos lares seguintes. Na França, o 1% dos lares fiscais mais rico representava mais de 50% das mais-valias declaradas no imposto sobre a renda entre 2002 e 2005. Consequência: na Bélgica, o tratamento fiscal favorável – a palavra é fraca – das mais-valias chega a uma subestimação das desigualdades de renda e, pela mesma razão, a uma contribuição particularmente fraca dos lares mais abastados para a renda fiscal total.

Uma última característica do direito fiscal belga vem em auxílio dos contribuintes mais abastados. Com efeito, se a distinção teórica entre os diversos tipos de renda parece clara, sua aplicação prática é nitidamente menos evidente. A inventividade sem limites dos especialistas da engenharia fiscal encontra material para se exprimir numa multitude de mecanismos que permitem requalificar os rendimentos do trabalho, juros e dividendos em mais-valias não passíveis de serem taxadas.

O respeito à "escolha da via que menos tributos faz incidir" não permite ao fisco belga requalificar um ato jurídico formalmente legal realizado com o único objetivo de evitar o imposto. Por consequência, contrariamente à situação que prevalece no Canadá ou na Austrália, e em menor medida na França, o fisco se vê impotente diante das construções jurídicas irregulares cujo único objetivo é evitar o imposto. Como o uso de tais técnicas exige uma certa expertise jurídica e custos fixos que os tornam geralmente inacessíveis ou desinteressantes para a maioria dos contribuintes, são de novo as rendas mais altas que veem sua base tributável mais fortemente reduzida pela fantástica alquimia da "otimização fiscal".

É bem verdade que, como o demonstraram os recentes trabalhos de Camille Landais, Thomas Piketty e Emmanuel Saez, a situação não é na origem diferente na França, já que a maior parte das rendas financeiras ali escapa igualmente à fome progressiva do imposto sobre a renda[7]. No entanto, a existência da cotização social generalizada (CSG) e do ISF explica que muitas grandes fortunas considerem a Bélgica – com razão – um paraíso fiscal.

Longe de ser um acidente da história, essa situação resulta de uma escolha consciente do mundo político. Testemunha disso é o papel da Bélgica nas negociações fiscais no âmbito internacional: ela figura, por exemplo, entre os três países europeus a ter exigido em 2003 uma exceção ao regime da diretiva europeia sobre o sistema fiscal da poupança que prevê a troca automática de informações, entre os países membros, sobre os pagamentos de lucros a residentes de outros países da União. A própria Bélgica tinha obtido a substituição do mecanismo pelo seu próprio sistema de abatimento mobiliário liberatório, evitando assim qualquer transmissão de dados individuais às administrações fiscais estrangeiras, as quais se encontravam desde então na impossibilidade de aplicar uma taxação progressiva sobre essas rendas.

No plano interno, num sistema eleitoral proporcional em que os governos de coalizão se impõem como uma necessidade, os partidos socialistas e ecologistas eram tradicionalmente avessos a condicionar sua participação no governo a uma reforma fiscal progressista, pelo fato de que um tal compromisso era a contrapartida necessária ao abandono das exigências de redução dos orçamentos sociais que emanam dos partidos de direita.

Último paradoxo do sistema fiscal belga, o desaparecimento das altas rendas das estatísticas públicas tornou particularmente difícil qualquer questionamento do sistema. Segundo as estatísticas disponíveis, a Bélgica aparece como uma sociedade fracamente desigual, que dispõe de um estado social fortemente redistributivo; as grandes fortunas parecem não existir e tudo é feito para que continuem invisíveis no debate público.

Mas, após décadas de inação, revelam-se enfim sinais de mudança. Ameaçada pela Organização de Cooperação e Desenvolvimento Econômico (OCDE) de se encontrar na lista negra dos "centros financeiros não cooperativos", a Bélgica decidiu participar do sistema europeu de troca de informações e reviu fortemente o campo de aplicação de seu sistema bancário. E, há alguns anos, a questão da taxação das grandes fortunas foi recolocada para a opinião pública, por iniciativa do Partido do Trabalho da Bélgica (PTB). Ainda que insuficiente por enquanto no plano eleitoral, esse pequeno partido comunista conduz há alguns anos uma guerrilha fiscal sob o cajado de Marco Van Hees, funcionário dos impostos que não para de expor os ângulos mortos do sistema fiscal belga. Sua personalidade truculenta fez dele uma presença costumeira nos meios de comunicação.

Foi, no entanto, necessário esperar que as finanças públicas sofressem as repercussões da crise financeira para assistir a mudanças concretas. Na contrapartida de medidas de austeridade, e num governo dominado pelos partidos de direita, os partidos socialistas francófonos e flamengos obtiveram no final de 2012 uma sobretaxa de 4% sobre as rendas imobiliárias superiores a 20.000 euros. Ainda que limitada, essa medida constitui uma pequena revolução, já que ela introduz uma dose de progressividade na taxação das rendas do capital.

Desejosos de manter um véu de ignorância sobre as desigualdades do patrimônio, os partidos liberais se bateram para conservar a possibilidade de um desconto liberatório da nova sobretaxa que permita evitar a transferência dos dados individuais ao fisco. Mesmo as demandas de uma taxação das mais-valias esbarraram numa posição inflexível. Ainda não chegou o tempo de os exilados franceses fazerem as malas...

---

1 Se, no caso da França, se incluir a contribuição social generalizada (CSG).

2 Eurostat, *Structure des taxes selon la fonction économique* [Estrutura das taxas segundo a função econômica].

3 Segundo as estatísticas disponíveis, o número de expatriados resta no entanto limitado. Em 2006, apenas 883 devedores do ISF, representando 2,5 bilhões de euros de patrimônio tributável, tinham deixado a França; 132 entre eles tinham escolhido a Bélgica. A título de comparação, o patrimônio líquido dos lares franceses se elevava a mais de 8.000 bilhões de euros. Fonte: *Conseil des prélèvements obligatoires* [Conselho dos descontos obrigatórios], *Le Patrimoine des ménages* [O patrimônio dos lares], 2009.

4 Essas cifras estão disponíveis no site de Emmanuel Saez <http://elsa.berkeley.edu/~saez/.>

5 Em 2012, a taxa máxima de taxação dos lucros e dividendos se eleva a 26% na Bélgica. A título de comparação, os descontos totais são, na França, de 34,5% para os dividendos e de 27,5% para os lucros.

6 Camille Landais, « Les hauts revenus en France (1998-2006) : une explosion des inégalités ? » [As altas rendas na França (1998-2006): uma explosão de desigualdades], Document de Travail PSE [Documento de Trabalho], 2007.

7 Camille Landais, Thomas Piketty e Emmanuel Saez, Pour une révolution fiscale [Por uma revolução fiscal], Seuil, Paris, 2010.

TRIBUTAÇÃO E DESIGUALDADE

A política tributária deve se tornar um instrumento de combate à pobreza e de redução das desigualdades sociais

Por Fátima Gondim, Marcelo Lettieri

Fátima Gondim é auditora fiscal da Receita Federal, especialista em Tributação

Marcelo Lettieri é auditor fiscal da Receita Federal, doutor em Economia pela UFPE.

É bastante comum depararmos com a informação de que nossa carga tributária é elevada e nosso sistema tributário é injusto. De forma geral, todos se acham injustiçados pelo que pagam de impostos e exigem reformas.

As críticas à alta carga tributária brasileira, no entanto, passam ao largo da discussão sobre a forma de arrecadação desses valores. Isso é, não se discute de onde estamosextraindo os recursos necessários ao financiamento do Estado, quem recebe do governo esses recursos e se a extração e a distribuição estão sendo feitas de forma a reduzir as desigualdades.

De onde viemos?

Até meados da década de 1960, o sistema tributário brasileiro não era eficiente, nem progressivo. Constituía-se de um amontoado de impostos seletivos sobre consumo e selos, ao lado de um conjunto complexo de tarifas e restrições ao comércio internacional. O imposto sobre a renda era pouco progressivo na prática e recaía quase que inteiramente sobre os trabalhadores do setor formal, sujeitos à retenção na fonte, enquanto os cidadãos mais ricos não encontravam dificuldades para escapar às suas obrigações tributárias.

A partir da segunda metade da década de 1960 e até o final da de 1980, promovemos a instituição e expansão da tributação sobre o valor agregado (principalmente via ICMS), reduzimos os tributos sobre comércio exterior, fortalecemos a administração tributária, mas deixamos a redução das desigualdades sociais em plano secundário.

No início da década de 1990, a onda neoliberal "quebrou" em praias brasileiras, recomendando que a carga tributária fosse distribuída sobre base mais ampla, o que, segundo seus defensores, exigia um imposto de renda menos progressivo e a elevação da contribuição dos impostos sobre o consumo. Nesse contexto, defendiam que a política tributária não devia ser utilizada como instrumento de política social, sob pena de reduzir a eficiência da tributação.

A partir de 1995, a política tributária foi redesenhada para beneficiar o processo de mundialização do capital financeiro, de forma a atraí-lo e mimá-lo do ponto de vista fiscal (as reformas do pacote neoliberal propuseram reformas administrativas, visando reduzir os custos das administrações tributárias e do cumprimento das obrigações pelas empresas, principalmente com o objetivo de incentivar o investimento estrangeiro).

Para reduzir a tributação do grande capital e, ao mesmo tempo, garantir a arrecadação necessária ao ajuste fiscal em uma economia debilitada, o Brasil fez a opção preferencial por tributar de "forma fácil" e "invisível", via tributos sobre o consumo, atingindo, sobretudo, o "Brasil de baixo", como dizia o poeta Patativa do Assaré. E, assim, foram construídos os tão aclamados "recordes de arrecadação": aumentando a tributação dos mais pobres e reduzindo a dos mais ricos.

Vejamos as benesses para o "andar de cima", já no início do primeiro governo FHC: redução da alíquota do Imposto de Renda de Pessoas Jurídicas – IRPJ, das instituições financeiras, de 25% para 15%; redução do adicional do IRPJ de 12% e 18% para 10%; redução da Contribuição Social sobre o Lucro Líquido – CSLL, de 30% para 8%, posteriormente elevada para 9%; redução da base de cálculo do IRPJ e da CSLL ao permitir a dedução dos juros sobre capital próprio; isenção do imposto de renda sobre remessa de lucros e dividendos ao exterior, dentre outros. Além disso, a liberalização financeira internacional abriu novas oportunidades para a fuga de capitais e evasão fiscal por parte das elites, acentuando a desigualdade.

Convém esclarecer o que é a dedução dos juros sobre capital próprio e a quem beneficia. A inovação, criada em dezembro de 1995, possibilita às empresas distribuir juros aos seus sócios e acionistas, reduzindo com isso os tributos a serem pagos. A justificativa para sua criação: a legislação anterior favorecia o endividamento externo da empresa e, para reverter esse quadro, era necessário incentivar o seu financiamento pelos sócios.

Com o país praticando uma das maiores taxas de juros do mundo, as empresas necessitavam de incentivos para usar o próprio capital, em vez de contrair empréstimo externo? Com certeza, não! E como se dá essa operação? Independentemente da ocorrência da operação de empréstimo do sócio para a empresa, essa paga os juros aos sócios e acionistas, tributando-os em apenas 15% (IRPJ), quando deveria pagar 34% caso não houvesse o "incentivo" (IRPJ, adicional e CSLL). Isso beneficia sobremaneira as grandes empresas capitalizadas e lucrativas, sobretudo os bancos, que fizeram e ainda fazem a festa. Não é sem razão que o saudoso tributarista Osires Lopes Filho tenha denominado o artifício de "usura heterodoxa".

Para o "Brasil de baixo", foi cobrada a conta do ajuste fiscal imposto pelo Fundo Monetário Internacional – FMI, em 1998. O governo federal lançou o pacote fiscal, incluindo medidas para aumentar a arrecadação e assegurar o superávit primário, em 1999, de R$ 312 bilhões (3,1% do PIB): majoração da alíquota da Contribuição para o Financiamento da Seguridade Social – Cofins, de 2% para 3%; ampliação da base de incidência do PIS/Pasep e da Cofins; elevação da Contribuição Provisória sobre Movimentação Financeira – CPMF (atualmente extinta), de 0,20% para 0,38%. Tudo incidindo sobre o consumo!

Mas o que representa para a população mais pobre esse aumento brutal na tributação sobre o consumo? Como as pessoas de baixa renda consomem toda a renda disponível (não há poupança) e compram basicamente gêneros de primeira necessidade, o aumento dos preços atinge de forma "vital" esse segmento. Por isso, a regressividade da estrutura tributária é sentida direta e especialmente pelas classes de renda mais baixa: em 1996, a carga tributária indireta sobre famílias com renda de até dois salários mínimos representava 26% de sua renda familiar; em 2002, pulou para 46%. Para famílias com renda superior a 30 salários mínimos, a carga indireta era de 7,3%, em 1996, e de 16% em 2002, conforme dados do IBGE.

Vale lembrar que também no Imposto de Renda, direto e progressivo, houve confisco. Mesmo com a participação dos salários decrescendo em relação à renda nacional, a arrecadação do imposto sobre a renda do trabalho cresceu 27%, em termos reais, de 1996 a 2001, devido ao aumento de alíquota de 25% para 27,5% e ao congelamento da tabela progressiva do Imposto de Renda Pessoa Física – IRPF.

Enfim, o "modelito" da regressividade que assolou e deteriorou nosso espectro tributário na segunda metade da década de 1990, em especial após o forte ajuste fiscal, é démodé, mas permanece até hoje um Robin Hood às avessas.

Onde estamos?

Analisando a arrecadação tributária, no Brasil, por bases de tributação (consumo, renda, patrimônio, folha de salários e operações financeiras), podemos observar quais setores têm contribuído mais com o financiamento do Estado. O que se observa é uma tributação bastante concentrada no consumo (15,2% do PIB, em 2008), seguida pela renda (7,8%) e folha de pagamentos (6%), enquanto a tributação sobre operações financeiras (0,7%) e sobre o patrimônio (1,1%) é bastante reduzida.

Ou seja, as reformas tributárias recentes têm acentuado uma anomalia do Brasil: aumento da tributação sobre o consumo em detrimento da tributação da renda, agravando o quadro de desigualdade ou, no mínimo, não permitindo uma maior redução dessa.

Se observarmos o que acontece em outros países, em

comparação ao Brasil, constatamos o seguinte: aqueles com renda *per capita* mais elevada tendem a tributar mais a renda que o consumo. A arrecadação de tributos previdenciários é muito importante nos países de renda mais elevada (provavelmente em virtude da maior expectativa de vida), chegando a ser a principal fonte de receita na Alemanha, França, Espanha e Japão. A arrecadação sobre o consumo, no Brasil, é muito alta, mesmo quando comparada a países com renda semelhante (Argentina, Chile e Turquia). Essa arrecadação chega a superar a soma da arrecadação sobre a renda e a folha de pagamentos.

E para que (ou quem) pagamos impostos?

A resposta a essa pergunta, e sua visibilidade sempre tão questionada pelo cidadão e pela opinião pública, é fator decisivo nos caminhos da cidadania fiscal e na busca por trazer ao debate segmentos da sociedade historicamente alheios ao mundo fiscal.

O comunicado da Presidência do Ipea, datado de junho de 2009, analisa o destino da carga tributária, destacando os principais programas e ações do governo federal, em termos de volume de recursos e número de beneficiários.

O estudo compara o que foi recolhido aos cofres públicos e o que foi destinado aos programas de governo nas áreas de saúde, educação, previdência e assistência social, desenvolvimento agrário, dentre outras. Ressalta, também, dentre as despesas do governo, o montante destinado ao pagamento dos juros da dívida pública.

Apesar da carência de estudos nessa área em termos desagregados (por família e faixa de renda), alguns dados, mesmo globais, ressaltam a expressiva concentração de renda decorrente da política de juros altos.

Segundo o Ipea, o montante destinado ao pagamento de juros da dívida pública recebeu, em 2008, somente do governo federal, 3,8% do PIB, enquanto o Programa Bolsa Família, que complementa a renda de 12 milhões de famílias, custou ao governo federal 0,4% do PIB: dez vezes menos!

O financiamento do Programa Bolsa Família exige arrecadar o equivalente a um dia e meio de trabalho do contribuinte. Já para financiar a ciranda financeira, União, estados e municípios destinam, em conjunto, 5,6% do PIB (valores de 2008), ou seja, 20 dias e meio de trabalho do cidadão brasileiro; quase um sexto de toda a carga tributária arrecadada em 2008.

Comparado ao que se destina à saúde e educação, a "derrama" dos cofres públicos – para patrocinar escandalosos ganhos aos rentistas – fica ainda mais aberrante. Para o SUS, em 2006, foram destinados 3,6% do PIB, ou 13 dias de trabalho do contribuinte. Para a Educação, 4,3% do PIB, ou 15,7 dias.

Mas o que não é dito ao contribuinte brasileiro? Que ele trabalha quase 3 semanas para pagar as despesas com elevadas taxas de juros para a classe de alta renda! E que essa monumental transferência aos 20 mil clãs de alta renda, que se beneficiam da dívida pública, representa uma transferência do Estado infinitamente maior do que recebem milhões de famílias de baixa renda (Marcio Pochmann – Agência Carta Maior, 2005).

O custo social da política fiscal foi posto a nu, já em 2002, no artigo "Tudo azul: do outro lado da moeda" (Contraponto, 2002). À pergunta: para onde foi a arrecadação federal, que passou de R$ 81 bilhões em 1995 para R$ 192 bilhões em 2001? A resposta: engordou os ratos na despensa do endividamento garantido pelo Banco Central.

Sem maiores rodeios, constata-se que a política tributária foi condicionada à transferência de renda do conjunto da população para saciar o capital financeiro e a banca nacional e internacional. A relação receita/PIB saiu de 12,6% em 1995 para 17,1% em 2002! A relação juros/PIB salta de 2,9% para 9% no mesmo período.

Para onde vamos?

Estamos, basicamente, diante de três alternativas para as próximas reformas tributárias: podemos ampliar e aprofundar as reformas do pacote neoliberal; promover ajustes no modelo neoliberal, mas sem efetivamente promover uma tributação redistributiva; ou, finalmente, engajarmo-nos em um movimento em direção à maior progressividade do sistema tributário, como condição primeira para uma efetiva redução das desigualdades.

Depois da crise mundial de 2008/2009, há poucos que apostariam na ampliação das reformas do pacote liberal, mas o que temos visto nos debates recentes, incluindo o eleitoral, é uma tentativa mal disfarçada de promover meros ajustes no modelo neoliberal, sem redistribuição efetiva do ônus tributário. E essa tem sido a tônica das principais propostas de reforma tributária: simplificação a qualquer custo, desonerações do capital, desoneração da folha de pagamentos, sem uma avaliação crítica dos efeitos sobre o financiamento da Previdência Social e a regressividade do sistema, entre outras.

Ninguém se atreve a incluir no debate a necessidade de novos movimentos em direção à maior progressividade, o que implicaria repensar, por exemplo, a tributação sobre o consumo de artigos de luxo (como fez o Equador com a criação do Impuesto a los Consumos Especiales, em 2008); os impostos sobre a propriedade, especialmente sobre a terra nua, com a sua utilização como instrumento de reforma agrária; os impostos sobre grandes fortunas e a necessidade de maior progressividade na tributação sobre a renda, alcançando efetivamente a renda do capital.

É preciso ter a coragem de reconhecer que nas próximas reformas, ainda não será possível abrir mão de receitas, que o reforço da tributação da renda dependerá também da capacidade da administração tributária do país e que é preciso incorporar ao sistema tributário brasileiro não somente o setor informal, mas também e, principalmente, a burguesia capitalista.

Também não pode ser desconsiderado o risco que é fazer uma reforma tributária sem antes ter feito uma reforma política. Nesse ambiente, a chance de criar um sistema ainda mais regressivo é muito grande, pois a probabilidade de os grandes financiadores de campanha serem ainda mais beneficiados é altíssima. Como diria o professor Richard Bird: "os países latino-americanos não têm sistemas fiscais mais igualitários porque a população politicamente relevante é pequena e rica, e ela gosta das coisas como estão".

Em suma, o Brasil deve decidir o que quer do seu sistema tributário, estabelecendo objetivos específicos, que, certamente, estarão em conflito uns com os outros. Esses conflitos e dilemas devem ser debatidos e equilibrados. Há muitas questões a ser tratadas, e embora não seja fácil responder a todas elas, precisamos fazer as escolhas agora. E uma delas é fundamental: o Sistema Tributário Nacional deve ser instrumento imprescindível de combate à pobreza e de redução das desigualdades sociais.

CAPITAL FINANCEIRO E DESIGUALDADE

O que é inevitável, e o que não é

Por Luiz Gonzaga Belluzzo*

*Economista, professor da Unicamp e presidente do Conselho Curador da Empresa Brasil de Comunicação.

O ciclo longo de expansão capitalista iniciado nos anos 1980 terminou na crise de 2007. Faço a seguir uma proposta de hierarquização dos fatores que determinaram a forma peculiar assumida pelo movimento do assim chamado ciclo neoliberal: 1) a liberalização das contas de capital do balanço de pagamentos promoveu um forte aumento dos fluxos brutos de capitais entre as praças financeiras, abastecendo, sobretudo, a liquidez do mercado financeiro norte-americano; 2) a liquidez abundante e a profundidade do mercado financeiro dos Estados Unidos favoreceram as taxas de juros baixas, fortaleceram o dólar e estimularam o apetite pelo risco, saciado com os métodos inovadores de "alavancagem" e com a extraordinária proliferação dos derivativos; 3) a expansão do crédito a taxas de juros baixas sustentou os ciclos sucessivos de valorização de ativos: nos anos 1990, sopraram a chamada bolha dot.com e, nos anos 2000, insuflaram a "inflação" dos ativos imobiliários, ancorada no endividamento das famílias; 4) a liquidez do mercado financeiro norte-americano e a valorização do dólar criaram as condições para a migração da produção manufatureira para os países de baixo custo de mão de obra e sustentaram a baixa inflação; 5) a desindustrialização norte-americana, o outsourcing de peças, componentes e serviços e as mudanças organizacionais na grande empresa alteraram profundamente a estrutura do emprego e as normas de formação da renda criada no pós-guerra, enfraquecendo os sindicatos. Daí a insignificante evolução dos rendimentos da população assalariada; 6) a fragilização das massas assalariadas – operariado industrial e classe média de colarinho branco – suscitou a ampliação das desigualdades, agravada pela degradação dos sistemas progressivos de tributação; 7) a combinação entre a lenta evolução dos rendimentos e os favores fiscais para os muito ricos e suas empresas promoveram a recorrência de déficits fiscais e a expansão da dívida pública.

Morfologia do ciclo neoliberal e as raízes da crise

Iniciada no segundo semestre de 2007 e acelerada no infausto episódio da quebra do Lehman Brothers, em setembro de 2008, a crise ofereceu a oportunidade de avançar na compreensão das transformações ocorridas nas relações entre inovações financeiras, financiamento dos gastos de consumo das famílias, de investimento das empresas e geração de renda e emprego na economia globalizada.

Na gênese, desenvolvimento e configuração do ciclo de expansão que culminou na crise está o rearranjo de portfólios, um fenômeno financeiro: o fluxo bruto de capitais privados da Europa e da periferia para os Estados Unidos. A interpenetração financeira suscitou a diversificação dos ativos à escala global e, assim, impôs a "internacionalização" das carteiras dos administradores da riqueza. Os Estados Unidos, beneficiados pela capacidade de atração de seu mercado financeiro amplo e profundo, absorveram um volume de capitais externos superior aos déficits em conta corrente. Em um mundo em que prevalece a mobilidade de capitais, a determinação não vai do déficit em conta corrente para a "poupança externa". É a elevada liquidez e a alta "elasticidade" dos mercados financeiros globais que patrocinam a exuberante expansão do crédito, a inflação de ativos e o endividamento das famílias viciadas no hiperconsumo.

Cláudio Bório, economista do Bank of International Settlements (BIS), demonstrou que o sucesso das políticas de controle da inflação deve ser atribuído em boa medida "aos fatores globais que se tornaram mais importantes do que os fatores domésticos". Bório se refere às mudanças importantes que afetaram, antes da crise financeira, as condições da oferta e da demanda na economia globalizada. Essas mudanças, já mencionadas acima, são:

1) A grande empresa manufatureira se deslocou para regiões onde o custo unitário da mão de obra é sensivelmente mais baixo. Nesses mercados de oferta ilimitada de mão de obra, os salários não acompanham o ritmo de crescimento da produtividade.

2) As elevadas "taxas de exploração" nos emergentes asiáticos incitaram a rápida criação de uma nova capacidade produtiva na indústria manufatureira, com ganhos de produtividade, acirrando a concorrência global entre os produtores de manufaturas.

3) As políticas de comércio exterior dos emergentes em processo de "perseguição" industrial unem saldos comerciais alentados, acumulação de reservas e políticas de defesa do câmbio real.

A combinação desses fenômenos – baixa inflação e excessiva elasticidade do sistema financeiro – acentuou o caráter pró-cíclico da oferta de crédito e impulsionou a criação de desequilíbrios cumulativos nos balanços de famílias, empresas e países, com sérias consequências para a eficácia das políticas monetárias nacionais. A questão central, na opinião do economista do BIS, reside no crescimento excepcional dos fluxos brutos de capital entre as economias centrais, particularmente entre Wall Street e a City londrina. Isso significa que as mudanças nas relações de débito e crédito e nos patrimônios de bancos, empresas, governos e famílias foram muito mais intensas do que as refletidas pelos resultados líquidos revelados pela observação dos déficits em conta corrente. O "financiamento" do déficit norte-americano pelas reservas dos países emergentes, sobretudo pela China, é uma ilusão contábil que esconde as relações de determinação macroeconômica: o movimento vai dos fluxos brutos de capitais para a expansão do crédito aos consumidores norte-americanos e daí para o déficit em conta corrente. As reservas chinesas fecham o circuito crédito-gasto-produção-renda-poupança com o "financiamento final" do déficit norte-americano em conta corrente. "Assim, mesmo que os Estados Unidos não apresentassem déficits externos ao longo dos anos 1990 (e da primeira década do século XXI), o ingresso de capitais teria sido robusto."

O autodesenvolvimento do sistema financeiro, investido em seu formato global e incitado por sua "vocação inovadora", inverteu as relações macroeconômicas que frequentam os manuais e os cursos das universidades mais afamadas do planeta. As inovações financeiras e a integração dos mercados promovem a exuberância do crédito, a alavancagem temerária das famílias consumistas e, obviamente, a deterioração da qualidade dos balanços de credores e devedores. É esse "arranjo" que gera o déficit em conta corrente, e não o contrário.

A lenta evolução dos rendimentos acumpliciou-se à vertiginosa expansão do crédito para impulsionar o consumo das famílias. Amparado na "extração de valor" ensejada pela escalada dos preços dos imóveis, o gasto dos consumidores alcançou elevadas participações na formação da demanda final em quase todos os países das regiões desenvolvidas. Enquanto isso, as empresas dos países "consumistas" cuidavam de intensificar a estratégia de separar em territórios distintos a formação de nova capacidade, a expansão do consumo e a captura dos resultados. As empresas ampliaram expressivamente a posse dos ativos financeiros como forma de alterar a estratégia de administração dos lucros acumulados e do endividamento. O objetivo de maximizar a geração de caixa determinou o encurtamento do horizonte empresarial. A expectativa de variação dos preços dos ativos financeiros passou a exercer um papel muito relevante nas decisões das empresas. Os lucros financeiros superaram com folga os lucros operacionais. A gestão empresarial foi, assim, submetida aos ditames dos ganhos patrimoniais de curto prazo e a acumulação financeira impôs suas razões às decisões de investimento, aquelas geradoras de emprego e renda para a patuleia.

As grandes empresas deslocaram sua produção manufatureira para as regiões em que prevaleciam baixos salários, câmbio desvalorizado e alta produtividade. Norte-americanos e europeus correram para a Ásia, e os alemães, mesmo frugais, saltaram para os vizinhos do Leste. Dessas praças, exportaram manufaturas baratas para os países e as regiões de sua origem ou de sua influência. Embalados pela expansão dos gastos das famílias, realizaram lucros e acumularam caixa (em geral nos paraísos fiscais). O deslocamento das empresas norte-americanas cavou alentados déficits em conta corrente na economia territorial da pátria-mãe. Já os alemães, a despeito da movida para o Leste Europeu, financiaram, através de seus bancos, os gastos que produziram os enormes déficits em conta corrente dos vizinhos da Eurolândia.

Desigualdade

Nos últimos trinta anos houve um aumento significativo da desigualdade tanto nas sociedades desenvolvidas quanto nas regiões periféricas. Até meados dos anos 1970, é bom lembrar, o crescimento econômico foi acompanhado do aumento dos salários reais, da redução das diferenças entre os rendimentos do capital e do trabalho e de uma maior igualdade dentro da escala de salários.

A crise da classe média norte-americana não é fruto da Grande Recessão, iniciada em 2007, mas um fenômeno de longo prazo. De 1973 até 2010, o rendimento de 90% das famílias norte-americanas cresceu apenas 10% em termos reais, enquanto os ganhos dos situados na faixa dos super--ricos – a turma do 1% superior – triplicaram. Pior ainda: a cada ciclo a recuperação do emprego é mais lenta e, portanto, maior é a pressão sobre os rendimentos dos assalariados.

Em artigo publicado na revista *Science & Society* de julho de 2010, o economista Edward Wolff sustenta que a evolução miserável dos rendimentos das famílias norte--americanas de classe média foi determinada pelo desempenho ainda mais deplorável dos salários. Entre 1973 e 2007, os salários reais por hora de trabalho caíram 4,4%, enquanto no período de 1947 a 1973 o salário horário cresceu 75%. A despeito da queda dos salários, durante algum tempo a renda familiar foi sustentada pelo ingresso das mulheres casadas na força de trabalho. Entre 1970 e 1988, elas aumentaram sua participação de 41% para 57%. A partir de 1989, no entanto, o ritmo caiu vertiginosamente.

Em seu livro *A consciência de um liberal*, Paul Krugman apelidou o período que vai dos anos 1930 ao início da década de 1950 de "A Grande Compressão". Apesar da precariedade dos dados, as estimativas de Simon Kuznetz ajudaram Krugman a concluir que a "grande compressão" envolveu não só o crescimento mais rápido dos rendimentos das categorias sociais situadas na base da pirâmide, como decorreu também do "empobrecimento" das camadas superiores. Esses dois movimentos foram sustentados por três forças, na opinião de Krugman: de baixo para cima, a sindicalização incentivada por Roosevelt impulsionou a elevação dos salários reais e, ao mesmo tempo, o Social Security Act de 1935 passou a proteger os mais débeis "dos sérios problemas criados pela insegurança econômica na sociedade industrial"; de cima para baixo, a brutal elevação da carga tributária e o caráter progressivo dos impostos surrupiaram a renda dos mais ricos; finalmente, a baixa intensidade da concorrência externa permitiu às empresas norte-americanas abiscoitar os lucros proporcionados pela sustentação da demanda interna.

A arquitetura capitalista desenhada nos anos 1930 sobreviveu no pós-guerra e durante um bom tempo ensejou a convivência entre estabilidade monetária, crescimento rápido e ampliação do consumo dos assalariados e dos direitos sociais. Entre 1947 e 1973, na era do Big Government, como a denominou o economista keynesiano Hyman Minsky, o rendimento real da família norte-americana típica praticamente dobrou. O sonho durou trinta anos e, no clima da Guerra Fria, as classes trabalhadoras gozaram de uma prosperidade sem precedentes.

Nessa época de vacas magras para o emprego e para os rendimentos, os lucros foram gordos para os especuladores financeiros e para as empresas empenhadas no outsourcing e na "deslocalização" das atividades para as regiões de salários "competitivos". Robert Kuttner escreveu no *The New York Times* que Obama e seus economistas salvaram Wall Street da derrocada financeira, mas não responderam às preocupações manifestadas nas pesquisas de opinião pelos norte-americanos atormentados, em sua maioria, pelas perspectivas de um crescimento pífio do emprego e dos salários. O superconservadorismo do Tea Party se apropria de uma parte do descontentamento popular, faz muito barulho, mas não consegue oferecer aos cidadãos norte-americanos soluções críveis para atenuar as desgraças da anomia social e da destruição dos nexos básicos da sociabilidade, inclusive os familiares.

Por outro lado, a observação das taxas de desemprego aberto, acima de 10% da população economicamente ativa na Comunidade Europeia, e a análise do comportamento dos salários reais ainda não conseguem apanhar as tendências evolutivas mais profundas dos mercados de trabalho, que caminham na direção da precarização, do aumento dos empregos em tempo parcial e da terceirização das tarefas acessórias na grande empresa.

Um estudo recente revela que, na França de hoje, a soma dos que se encontram em situação precária (3 milhões) e dos que são obrigados a aceitar tempo parcial (3,2 milhões) chega ao dobro da cifra estimada para os oficialmente desempregados (3 milhões). Desempregados, "precarizados" e trabalhadores em tempo parcial representam 37,5% da população economicamente ativa nesse país.

A argumentação liberal-conservadora sustenta que o aparecimento e o crescimento dessas formas espúrias de ocupação da força de trabalho, bem como a queda no valor real das remunerações, devem ser creditados ao egoísmo e ao "corporativismo" dos que ainda se apegam à segurança e à garantia dos "velhos empregos". Essa resistência às "inevitáveis" transformações tecnológicas e organizacionais acaba prejudicando a oferta de empregos, porque as empresas, diante da concorrência exacerbada, só podem responder ao desafio com o avanço da "flexibilização", contornando a legislação que pretende regulamentar as relações trabalhistas.

Mas essa explicação do fenômeno é falsa. São as exigências e avaliações dos mercados financeiros, impondo uma concorrência sem quartel às empresas, que afetam negativamente o comportamento do emprego e dos salários. As mudanças nesses mercados, nos últimos vinte anos, acarretaram uma fantástica mobilidade dos capitais entre as diferentes praças, permitiram uma incrível velocidade da inovação financeira, sustentaram elevadas taxas de valorização dos ativos e, sobretudo, facilitaram e estimularam as fusões e aquisições de empresas em todos os setores.

Mobilidade do capital financeiro e, ao mesmo tempo, centralização do capital produtivo à escala mundial. Essa convergência suscitou os surtos intensos de demissões de trabalhadores, a eliminação dos melhores postos de trabalho, enfim, a maníaca obsessão com a redução de custos.

Não se trata de nenhuma inevitabilidade tecnológica. Foram, de fato, gigantescos os avanços na redução do tempo de trabalho exigido para o atendimento das necessidades, reais e imaginárias, da sociedade. Mas os resultados mesquinhos em termos de criação de novos empregos e de melhoria das condições de vida só podem ser explicados pelo peculiar metabolismo das economias capitalistas, sob o império da competição desbragada e das finanças globais desreguladas.

Os sistemas de proteção contra os frequentes "acidentes" ou falhas do mercado estão em franca regressão. A insegurança assume formas ameaçadoras para o convívio social.

OS MERCADOS FINANCEIROS TÊM UM ROSTO

Quem são os mercados?

Por Geoffrey Geuens*

* Mestre de conferências da *Université de Liège*. Autor de *La Finance imaginaire. Anatomie du capitalisme: des "marchés financiers" à l'oligarchie* [A finança imaginária. Anatomia do capitalismo: dos "mercados financeiros" à oligarquia], Aden, Bruxelles, 2011.

Tendo passado do banco público para o mercado financeiro privado, e de François Mitterrand a François Bayrou, Jean Peyrelevade explicava em 2005: "O capitalista não está mais ao alcance diretamente. (...) Romper com o capitalismo é romper com quem? Colocar fim à ditadura do mercado, fluido, mundial e anônimo, é atacar que instituições?" E este antigo diretor adjunto do gabinete do primeiro ministro Pierre Mauroy concluiu: "Marx está impotente por falta de um inimigo identificável[1].

Que um representante da alta finança – presidente do Banco Leonardo France (famílias Albert Frère, Agnelli e David-Weill) e administrador do grupo Bouygues – negue a existência de uma oligarquia, isso seria de se espantar? Mais estranho é o fato de que as mídias dominantes deem prosseguimento a essa imagem desencarnada e despolitizada das potências do dinheiro. A cobertura jornalística da nomeação de Mario Monti ao cargo de presidente do Conselho Italiano bem que poderia, no que diz respeito a isso, constituir o perfeito exemplo de um discurso evocando "tecnocratas" e "especialistas" onde se constitui um governo de banqueiros. Podemos até mesmo ler no site de alguns jornais que "personalidades da sociedade civil" acabavam de receber as ordens[2].

A equipe Monti contava também em suas fileiras com professores de universidade, a ciência de sua política era antes de mais nada estabelecida pelos comentadores. Exceto que, ao olhar mais de perto, a maioria dos ministros participava dos conselhos de administração dos principais trustes da Península.

Corrado Passera, ministro do desenvolvimento econômico, é presidente diretor geral (PDG) de Intesa Sanpaolo; Elsa Fornero, ministra do trabalho e professora de economia na Univesidade de Turim, é vice-presidente de Intesa Sanpaolo; Francesco Profumo, ministro da educação e da pesquisa, reitor da Universidade Politécnica de Turim, é administrador da UniCredit Private Bank e da Telecom Italia – controlada por Intesa Sanpaolo, Generali, Mediobanca e Telefónica – depois de ter passado pela Pirelli; Piero Gnudi, ministro do turismo e dos esportes, é administrador do UniCredit Group; Piero Giarda, encarregado das relações com o Parlamento, professor de finanças públicas na Universidade Católica do Sagrado Coração de Milão, é vice-presidente do Banco Popolare e administrador da Pirelli. Quanto a Monti, ele tinha aconselhado Coca-Cola e Goldman Sachs e foi administrador da Fiat e da Generali.

Porosidade entre dois mundos

Se os dirigentes socialistas europeus agora não têm palavras duras o suficiente para denunciar o poder dos "mercados financeiros", a reconversão das ex-estrelas do social-liberalismo acontece sem que seus antigos camaradas manifestem ruidosamente sua indignação. Antigo primeiro ministro da Holanda, Wim Kok juntou-se aos conselhos de administração dos trustes holandeses Internationale Nederlanden Groep (ING), Shell e KLM. Seu homólogo alemão, o ex-chanceler Gerhard Schröder, também se reclassificou no mundo privado enquanto presidente da empresa Nord Stream AG (agrupamento das empresas Gazprom – E.ON – BASF – GDF Suez – Gasunie), administrador do grupo petroleiro TNK-BP e conselheiro europeu de Rothschild Investment Bank. Essa trajetória a primeira vista sinuosa não tem, na realidade, nada de singular. Diversos antigos membros de seu gabinete, membros do Partido Social Democrata Alemão (SPD), também trocaram a roupa de homem de Estado pela de homem de negócios: o ex-ministro do interior Otto Schily aconselha, atualmente, o truste financeiro Investcorp (Bahreïn), onde ele se reencontra com o ex-chanceler austríaco conservador Wolfgang Schüssel, o vice-presidente da Convenção Europeia Giuliano Amato, ou ainda Kofi Annan, o antigo secretário geral da Organização das Nações Unidas (ONU). O antigo ministro alemão da economia e do trabalho, Wolfgang Clement, é sócio da empresa RiverRock Capital e administrador de Citigroup Alemanha. Seu colega, Caio Koch-Weser, secretário de Estado das finanças do primeiro governo de Angela Merkel, o SPD Peer Steinbrück, é administrador de ThyssenKrupp. Quanto aos "dignos herdeiros[3]" de Margaret Thatcher e antigos dirigentes do Partido Trabalhista, eles, por sua vez, se aliaram à alta finança: o ex-ministro das relações exteriores David Miliband aconselha as empresas VantagePoint Capital Partners (Estados Unidos e Indus Basin Holdings (Paquistão); o antigo comissário europeu do comércio, Peter Mandelson, trabalha para o banco de negócios Lazard; quanto ao próprio Anthony Blair, ele acumula os cargos de conselheiro da empresa suíça Zurich Financial Services e de gestor do fundo de investimento Landsdowne Partners com o de presidente do comitê consultivo internacional de JPMorgan Chase, ao lado de Annan e de Henry Kissinger.

Essa enumeração, que lamentamos infligir ao leitor, se revela no entanto indispensável quando as mídias omitem com constância a enumeração dos interesses privados das personalidades públicas. Para além da porosidade entre dois mundos que se descrevem facilmente como distintos – senão opostos –, a identificação de seus agentes duplos é necessária para o bom entendimento do funcionamento dos mercados financeiros.

Assim, e contrariamente a uma ideia em voga, a finança tem sim um, ou melhor, muitos rostos. Não o do aposentado da Flórida ou do pequeno acionista europeu indulgentemente retratados pela imprensa, mas sim os de uma oligarquia de proprietários e de administradores de fortunas. Peyrelevade lembrava em 2005 que 0,2% da população mundial controlava a metade da capitalização em bolsa do planeta. Estes portfólios são administrados por bancos (Goldman Sachs, Santander, BNP Paribas, Société Générale etc.), empresas de seguros (American International Group [AIG], Axa, Scor etc.), fundos de pensão ou de investimento (Berkshire Hathaway, Blue Ridge Capital, Soros Fund Management etc.); assim como instituições que também aplicam seus próprios capitais.

Essa minoria especula sobre o andamento das ações, a dívida soberana ou matérias-primas graças a uma gama

quase ilimitada de produtos derivados revelando a inesgo-
tável inventividade dos engenheiros financeiros. Longe de
representar a conclusão "natural" da evolução das economias maduras, os "mercados" constituem a ponta de lança
de um projeto sobre o qual os economistas Gérard Duménil
e Dominque Lévy observam que foi "concebido de modo a
aumentar as rendas das classes superiores". Um sucesso
inegável: o mundo conta hoje com cerca de 63.000 "cen-
tomilionários" (que detêm ao menos 100 milhões de dólares), que representam uma fortuna combinada de cerca de
40.000 bilhões de dólares (ou seja, um ano de produto interno bruto mundial).

Irresponsáveis que se tornaram "sábios"

Essa encarnação dos mercados pode se revelar emba-
raçosa, tanto que às vezes é mais cômodo desfilar moinhos
de vento. "Nessa batalha que se organiza, eu vou dizer qual
é o meu verdadeiro adversário", havia trovejado o candidato socialista à eleição presidencial francesa, François
Hollande, durante seu discurso em Bourget (Seine-Saint-
-Denis), em 22 de janeiro passado. "Ele não tem nome, não
tem rosto, não tem partido, e nunca vai se candidatar,
então não será nunca eleito. Este adversário, é o mundo
das finanças." Atacar os agentes reais do alto banco e da
grande indústria também poderia levá-lo a nomear os
dirigentes de fundos de investimento que decidem, cons-
cientemente, lançar ataques especulativos sobre a dívida
dos países do sul da Europa. Ou, ainda, questionar a dupla

função de alguns de seus conselheiros, sem esquecer a de seus (ex-)colegas socialistas europeus que passaram de uma Internacional para outra.

Ao escolher como diretor de campanha Pierre Moscovici, vice-presidente do Círculo da Indústria, um lobby que reunia dirigentes dos principais grupos industriais franceses, o candidato socialista sinalizava aos "mercados financeiros" que a alternância socialista não rimava mais, definitivamente, com "grande noite". Moscovici não estimou que não era preciso "ter medo do rigor", afirmando que em caso de vitória os déficits públicos seriam "reduzidos desde 2013 abaixo de 3% (...), custe o que custar", o que implicaria em "tomar as medidas necessárias"?

Figura imposta da comunicação política, a denúncia dos "mercados financeiros" tão virulenta quanto inofensiva, até agora é uma palavra vazia. À imagem de Barack Obama, que acordou a graça presidencial aos responsáveis americanos pela crise, os dirigentes do Velho Continente levaram bem pouco tempo para perdoar os excessos dos especuladores "ávidos" que condenavam à execução. Só faltava então restaurar o brasão injustamente manchado dos dignos representantes da oligarquia. Como? Ao nomeá-los para a chefia das comissões encarregadas de elaborar as novas regras de conduta! De Paul Volcker (JP-Morgan Chase) a Mario Draghi (Goldman Sachs), passando por Jacques de Larosière (AIG, BNPParibas), lord Adair Turner (Standard Chartered Bank, Merrill Lynch Europe) ou ainda o barão Alexandre Lamfalussy (CNP Assurances,

Fortis), todos os coordenadores encarregados de trazer uma resposta para a crise financeira mantinham relações estreitas com os mais importantes operadores privados do setor. Os "irresponsáveis" de ontem, como que tocados pela graça, acabavam de se metamorfosear em "sábios" da economia, encorajados pelas mídias e pelos intelectuais que, pouco tempo antes, não tinham palavras duras o suficiente para denunciar a pretensão e a cegueira dos banqueiros.

Enfim, que os especuladores tenham conseguido tirar proveito das crises que se sucederam nestes últimos anos, ninguém duvida. No entanto, o oportunismo e o cinismo do qual os predadores em questão dão provas não deve fazer esquecer que eles se beneficiaram, para realizar seus objetivos, de facilidades dos mais altos encontros de Estado. John Paulson, depois de ter ganhado mais de 2 bilhões de dólares na crise dos subprime, da qual ele é o maior beneficiário, não contratou o ex-patrão da Reserva Federal, Alan Greenspan – que já era conselheiro da Pacific Investment Management Company (Pimco, controlada pela Allianz), um dos maiores credores privados do Estado americano? E o que dizer dos principais gestionários internacionais de hedge funds: o antigo presidente do National Economic Concil (sob Obama) e ex-secretário do Tesouro de William Clinton, Lawrence Summers, foi diretor executivo da empresa D.E. Shaw (32 bilhões de dólares ativos); o fundador do grupo Citadel Investment, Kenneth Griffin, originário de Chicago, financiou a campanha do atual presidente dos Estados Unidos; quanto a George Soros, ele pagou os serviços do trabalhista lord Mark Malloch-Brown, antigo administrador do Programa das Nações Unidas para o Desenvolvimento (PNUD)...

A finança tem rostos: cruzamos com eles há muito tempo nos corredores do poder.

SOBRE ALGUMAS OMISSÕES DE THOMAS PIKETTY

Indo mais além, com Marx

Por Russell Jacoby *

* Professor de História na Universidade da Califórnia, em Los Angeles. Autor de *The Last Intellectuals* [Os últimos intelectuais] (1987), *The End of Utopia* [O fim da utopia] (1999) e, mais recentemente, *Les Ressorts de la violence. Peur de l'autre ou peur du semblable?* [As molas da violência. Medo do outro ou medo do semelhante?], Belfond, Paris, 2014.

A obra de Thomas Piketty *Le Capital au XXIᵉ siècle* [O capital no século XXI] é um fenômeno tanto sociológico como intelectual. Ela cristaliza o espírito de nossa época, assim como, em seu tempo, *The Closing of the American Mind* [O fechamento da mente americana], de Allan Bloom[1]. Este livro, que denunciava os estudos sobre as mulheres, os gêneros e as minorias nas universidades norte-americanas, opunha a "mediocridade" do relativismo cultural à "busca pela excelência", associada, na mente de Bloom, aos clássicos gregos e romanos. Ainda que tenha tido poucos leitores (era particularmente pomposo), ele alimentou o sentimento de uma destruição do sistema educacional norte-americano, até da própria América, na falta dos progressistas e da esquerda. Esse sentimento não perdeu nada de sua força, e *O capital no século XXI* inscreve-se no mesmo campo de forças, exceto pelos fatos de que Piketty vem da esquerda e que o enfrentamento deslocou-se da educação para o campo econômico. Mas, dentro do sistema educacional, o debate centra-se agora, em grande parte, sobre questões econômicas e barreiras capazes de explicar a desigualdade.

A obra traduz um mal-estar palpável: a sociedade norte-americana, assim como as outras pelo mundo inteiro, é cada vez mais iníqua. As desigualdades agravam-se e pressagiam um futuro sombrio. *O capital no século XXI* deveria se chamar *A desigualdade no século XXI*.

É inútil criticar Piketty por não cumprir objetivos que não eram os seus. Mas também não podemos nos contentar em lhe render louros. Muitos comentadores têm se concentrado em sua relação com Karl Marx, ao que ele lhe deve, a suas infidelidades, quando seria preciso, antes de mais nada, questionar de que modo o livro lança luz sobre nossa miséria atual. Ao mesmo tempo, no que diz respeito à preocupação com a igualdade, não é inútil voltar a Marx. Aproximando-se os dois autores, há de fato uma divergência: ambos contestam as disparidades econômicas, mas em direções opostas. Piketty inscreveu suas observações no campo dos salários, da renda e da riqueza: ele deseja erradicar as desigualdades extremas, oferecendo – para pastichar o lema da funesta "Primavera de Praga" – um "capitalismo de rosto humano". Já Marx se coloca no campo da mercadoria, do trabalho e da alienação: ele pretende abolir essas relações e transformar a sociedade.

Piketty tece uma acusação implacável contra a desigualdade: "Já é tempo", escreve em sua introdução, "de recolocar a questão da desigualdade no centro da análise econômica" (p. 38). Ele adota como epígrafe a segunda frase da Declaração dos Direitos do Homem e do Cidadão de 1789: "As distinções sociais só podem fundar-se no bem comum". (Poderíamos nos perguntar por que um livro tão prolixo deixa de lado a primeira frase: "Os homens nascem e permanecem livres e iguais em direitos.") Apoiando-se numa profusão de números e tabelas, ele demonstra que as desigualdades econômicas aumentam, e que os mais afortunados concentram uma parte cada vez maior da riqueza. Houve quem tentasse contestar suas estatísticas; ele reduziu a pó as acusações[2].

O autor bate forte e justo quando trata da exacerbação das desigualdades que desfiguram a sociedade, em particular a norte-americana. Ele observa, por exemplo, que a educação deveria ser igualmente acessível a todos e promover a mobilidade social. Mas "o rendimento médio dos pais de alunos de Harvard é de cerca de 450 mil dólares", o que os coloca entre os 2% das famílias norte-americanas mais ricas. E conclui seu argumento com este eufemismo característico: "O contraste entre o discurso meritocrático oficial e a realidade parece aqui particularmente extremo" (p. 778).

Para alguns, à esquerda, não há nada de novo. Para outros, cansados de que lhes expliquem o tempo todo que é impossível aumentar o salário mínimo, que não se devem taxar os "criadores de empregos" e que a sociedade norte-americana continua sendo a mais aberta do mundo, Piketty representa um aliado providencial. Segundo um relatório (não citado no livro), os 25 gestores de fundos de investimentos mais bem pagos ganharam, em 2013, 21 bilhões de dólares, mais que o dobro da soma dos rendimentos de cerca de 150 mil professores primários nos Estados Unidos. Se a compensação financeira corresponde ao valor social, então um gestor de *hedge fund* deve valer bem uns 17 mil professores... Nem todos os pais (e professores) devem concordar com isso.

Porém a fixação exclusiva de Piketty na desigualdade apresenta limites teóricos e políticos. Da Revolução Francesa ao movimento pelos direitos civis nos Estados Unidos, passando pelo cartismo[3], a abolição da escravatura e as sufragistas, a aspiração à igualdade já suscitou inúmeros movimentos políticos. Em uma enciclopédia das contestações, o artigo dedicado a ela certamente ocuparia centenas de páginas, remetendo a todas as outras entradas. Ela teve, e continua tendo, um papel positivo essencial. Em tempos recentes, o movimento Occupy Wall Street e a mobilização pelo casamento gay são prova disso. Longe de desaparecer, a reivindicação ganhou novo fôlego.

Mas o igualitarismo também implica uma parte de resignação: ele aceita a sociedade tal como é, visando apenas a reequilibrar a distribuição de bens e privilégios. Os *gays* querem o direito de se casar, assim como os heterossexuais. Muito bem; mas isso não afeta em nada a instituição imperfeita do matrimônio, que a sociedade não pode abandonar nem melhorar. Em 1931, o historiador britânico de esquerda Richard Henry Tawney já destacava esses limites, em um livro que, aliás, também defendia o igualitarismo. O movimento operário, escreveu ele, acredita na possibilidade de uma sociedade que dá mais valor às pessoas e menos ao dinheiro. Mas essa abordagem tem seus limites: "Ao mesmo tempo, ela não aspira a uma ordem social diferente, na qual o dinheiro e o poder econômico não sejam mais o critério do sucesso, mas a uma ordem social do mesmo tipo, na qual o dinheiro e o poder econômico sejam distribuídos de modo um pouco diferente". Aí está o centro do problema. Dar a todos o direito de poluir é um avanço para a igualdade, mas não para o planeta.

Marx não dá nenhum espaço à igualdade. Não apenas

ele jamais considerou que os salários dos trabalhadores pudessem aumentar de maneira significativa, mas, mesmo que isso acontecesse, em sua opinião, a questão não era essa. O capital impõe os parâmetros, o ritmo e a própria definição do trabalho, do que é rentável e do que não é. Mesmo em um sistema capitalista revestido por formas "confortáveis e liberais", no qual o trabalhador possa viver melhor e consumir mais porque recebe um salário maior, a situação não é fundamentalmente diferente. O fato de o trabalhador ser mais bem remunerado não muda em nada sua dependência, "melhorar o vestuário, a alimentação, o tratamento e aumentar seu *peculium* não abole a relação de dependência e a exploração do escravo". Um aumento de salário significa, no máximo, que "o tamanho e o peso dos grilhões de ouro que o empregado forjou para si permitem que eles apertem um pouco menos".

Sempre se pode objetar que essas críticas datam do século XIX. Mas Marx teve pelo menos o mérito de se concentrar na estrutura do trabalho, enquanto Piketty não disse uma palavra a esse respeito. Não se trata de saber qual deles está certo sobre o funcionamento do capitalismo, mas de apreender o vetor de suas respectivas análises: a distribuição para Piketty, a produção para Marx. O primeiro quer redistribuir os frutos do capitalismo, a fim de reduzir o fosso entre os rendimentos mais altos e os mais baixos, enquanto o segundo quer transformar o capitalismo e colocar um fim a seu domínio.

Desde sua juventude, Marx documentou a miséria dos

trabalhadores; ele dedicou centenas de páginas de *O capital* à jornada de trabalho padrão e às críticas que ela despertou. Também sobre isso Piketty não tem nada a dizer, embora evoque uma greve no início de seu primeiro capítulo. No índice da edição inglesa, na entrada "Trabalho", lemos: "Ver 'divisão capital-trabalho'". Isso é compreensível, já que o autor não está interestado no trabalho propriamente dito, mas nas desigualdades resultantes dessa divisão. Em Piketty, o trabalho resume-se principalmente ao montante de rendimento. Os surtos de cólera que afloram de vez em quando sob sua pena concernem aos ricos. Ele observa, por exemplo, que a fortuna de Liliane Bettencourt, herdeira da L'Oréal, passou de quatro para 30 bilhões de dólares entre 1990 e 2010: "Liliane Bettencourt nunca trabalhou, mas isso não impediu que sua fortuna aumentasse exatamente com a mesma rapidez da de Bill Gates". Esse enfoque sobre os mais ricos corresponde bem à sensibilidade do nosso tempo, enquanto Marx, com suas descrições do trabalho de padeiros, lavadeiras e tintureiros pagos por dia, pertence ao passado. A manufatura e a montagem desapareceram dos países capitalistas avançados e prosperam nos países em desenvolvimento, de Bangladesh à República Dominicana. Mas não é porque um argumento é antigo que ele é obsoleto, e Marx, concentrando-se no trabalho, destaca uma dimensão quase ausente de *O capital no século XXI*.

Piketty documenta a "explosão" da desigualdade, especialmente nos Estados Unidos, e denuncia os economistas ortodoxos, que justificam as enormes diferenças de remuneração pelas forças racionais do mercado. Ele zomba de seus colegas norte-americanos, que "tendem frequentemente a considerar que a economia dos Estados Unidos funciona muito bem e, particularmente, que ela recompensa o talento e o mérito com justiça e precisão" (p. 468). Mas isso não é de espantar, acrescenta ele, uma vez que tais economistas estão entre os 10% mais ricos. Como o mundo das finanças, ao qual lhes ocorre oferecer seus serviços, puxa seus salários para cima, eles manifestam uma "vergonhosa tendência a defender seus interesses particulares, dissimulando-os atrás de uma improvável defesa do interesse geral" (p. 834).

Para dar um exemplo que não está no trabalho de Piketty, um artigo recente publicado na revista da Associação Americana de Economia[6] pretende demonstrar, apoiado em números, que as grandes desigualdades decorrem de realidades econômicas. "Os maiores rendimentos têm talentos raros e únicos que lhes permitem negociar a preço alto o valor crescente de seu talento", conclui um dos autores, Steven N. Kaplan, professor de empreendedorismo e finanças da Escola de Negócios da Universidade de Chicago. Visivelmente, Kaplan tenta puxar a sardinha para o seu lado: uma nota de rodapé nos informa que ele "participa do conselho de administração de diversos fundos comuns de investimento" e que foi "consultor de empresas de *private equity* e capital de risco". Eis o ensino humanista do século XXI! Piketty explica no início de seu livro que perdeu as ilusões sobre os economistas norte-americanos do Instituto de Tecnologia de Massachusetts (MIT), e que os economistas das universidades francesas têm a "grande vantagem" de não serem nem altamente considerados, nem muito bem pagos: o que lhes permite manter os pés no chão.

Mas a contraexplicação que ele oferece é no mínimo banal: as enormes diferenças salariais decorrem de tecnologia, educação e costumes. As remunerações "extravagantes" dos "superexecutivos", "poderoso mecanismo" de aumento da desigualdade econômica, particularmente nos Estados Unidos, não podem ser explicadas pela "lógica racional da produtividade" (p. 530-531). Elas refletem as normas sociais atuais, que, por sua vez, revelam políticas conservadoras as quais reduziram a tributação sobre os mais ricos. Os chefes de grandes empresas concedem-se salários enormes porque têm a oportunidade e porque a sociedade julga essa prática aceitável, pelo menos nos Estados Unidos e no Reino Unido.

Marx oferece uma análise muito diferente. Ele se preocupa menos em provar as desigualdades econômicas abissais do que em descobrir as raízes da acumulação capitalista. Piketty explica que essas desigualdades devem-se à "contradição central do capitalismo": a disjunção entre a taxa de rendimento do capital e a taxa de crescimento econômico. Como a primeira tem necessariamente precedência sobre a segunda, favorecendo a riqueza existente em detrimento do trabalho existente, isso conduz a "terríveis" desigualdades na distribuição da riqueza. Marx talvez concordasse sobre esse ponto, mas, novamente, ele está interestado no trabalho, que considera o local de origem e desenvolvimento da desigualdade. Segundo ele, a acumulação de capital produz, necessariamente, o desemprego, parcial, ocasional ou permanente. Mas essas questões, cuja importância dificilmente se poderia negar no mundo de hoje, estão totalmente ausentes do trabalho de Piketty.

Marx parte de uma proposta totalmente diferente: é o trabalho que cria riqueza. A ideia pode parecer fora de moda. No entanto ela assinala uma tensão não resolvida do capitalismo: este precisa da força de trabalho e, ao mesmo tempo, tenta livrar-se dela. Quanto mais os trabalhadores são necessários a sua expansão, mais ele se livra deles a fim de reduzir os custos, por exemplo, automatizando a produção. Marx estudou longamente o modo como o capitalismo gera uma "população trabalhadora excedentária relativa". Esse processo assume duas formas fundamentais: ou se demitem trabalhadores, ou se deixam de incorporar novos. Em consequência, o capitalismo fabrica trabalhadores "descartáveis" ou um exército de reserva de desempregados. Quanto mais o capital e a riqueza aumentam, mais o subemprego e o desemprego aumentam.

Centenas de economistas tentaram corrigir ou refutar essas análises, mas a ideia de um aumento da força de trabalho excedentária parece verdadeira: do Egito a El Salvador e da Europa aos Estados Unidos, a maioria dos países passa por níveis elevados ou críticos de subemprego ou desemprego. Em outras palavras, a produtividade capitalista eclipsa o consumo capitalista. Não importa quão perdulários sejam, os 25 gestores de *hedge funds* jamais poderão consumir seus 21 bilhões de dólares de remuneração. O capitalismo sobrecarrega-se com aquilo que Marx chama de os "monstros" da "superprodução, superpopulação e superconsumo". Sozinha, a China certamente é capaz de produzir mercadorias suficientes para abastecer os mercados da Europa, África e América. Mas o que será da força de trabalho no resto do mundo? As exportações chinesas de têxteis e móveis para a África Subsaariana resultam numa redução no número de postos de trabalho para os africanos[8]. Do ponto de vista do capitalismo, temos um exército em expansão, composto por trabalhadores subempregados e desempregados permanentes, encarnações das desigualdades contemporâneas.

Como Marx e Piketty vão em direções diferentes, é lógico que proponham soluções diferentes. Piketty, ansioso em reduzir as desigualdades e melhorar a distribuição, propõe um imposto global e progressivo sobre o capital, a fim de "evitar uma divergência ilimitada da desigualdade patrimonial". Embora, como reconhece, essa ideia seja "utópica", ele a considera útil e necessária: "Muitos rejeitarão o imposto sobre o capital como uma perigosa ilusão, da mesma forma como o imposto sobre a renda foi rejeitado há pouco mais de um século" (p. 840). Já Marx não propõe realmente nenhuma solução: o penúltimo capítulo do *Capital* refere-se às "forças" e "paixões" que nascem para transformar o capitalismo. A classe trabalhadora inauguraria uma nova era, na qual reinariam "a cooperação e a propriedade comum da terra e dos meios de produção". Em 2014, essa proposta também é utópica – ou até redibitória, dependendo de como se interpreta a experiência soviética.

Não é preciso escolher entre Piketty e Marx. Para falar como o primeiro, trata-se de esclarecer suas diferenças. O utopismo de Piketty, e esse é um de seus pontos fortes, consiste numa dimensão prática, na medida em que ele fala a linguagem familiar dos impostos e da regulação. Ele espera uma cooperação mundial, e até um governo mundial, para implementar um imposto também mundial que evitaria uma "espiral infinita de desigualdade" (p. 835). Ele propõe uma solução concreta: um capitalismo à sueca, que enfrentou seus desafios eliminando as disparidades econômicas extremas. Ele não trata nem da força de trabalho excedentária, nem do trabalho alienante, nem da sociedade movida pelo dinheiro e pelo lucro; ao contrário, aceita-os, e quer que façamos o mesmo. Em troca, nos dá algo que já conhecemos: o capitalismo, com todas as suas vantagens e menos inconvenientes.

No fundo, Piketty é um economista muito mais convencional do que ele mesmo pensa. Seu elemento natural são as estatísticas sobre níveis de rendimentos, os projetos de tributação, as comissões encarregadas desses assuntos. Suas recomendações para reduzir as desigualdades resumem-se a políticas fiscais impostas de cima para baixo. Ele mostra-se perfeitamente indiferente aos movimentos sociais, que já foram capazes de questionar a desigualdade e poderiam voltar a fazê-lo. Ele parece, aliás, mais preocupado com o fracasso do Estado em reduzir a desigualdade do que com a desigualdade propriamente dita. E, embora convoque com frequência, e com pertinência, romancistas do século XIX, como Honoré de Balzac e Jane Austen, sua definição do capital permanece demasiado econômica e redutora. Ele não leva em conta o capital social, os recursos culturais e o *know-how* acumulado com o qual podem contar os mais afortunados e que facilitam o sucesso de sua prole. Um capital social limitado condena tanto à exclusão quanto uma conta bancária vazia. Mas sobre esse assunto Piketty também não tem nada a dizer.

Marx nos dá ao mesmo tempo mais e menos do que isso. Seu questionamento, embora mais profundo e mais amplo, não oferece nenhuma solução prática. Poderíamos qualificá-lo de utópico antiutópico. No posfácio à segunda edição alemã de *O capital*, ele zomba daqueles que tentam escrever "receitas para as cozinhas do futuro"[10]. E, ainda que uma certa visão a respeito possa ser apreendida de seus escritos econômicos, ela não tem grandes relações com o igualitarismo. Marx sempre combateu a igualdade primitivista, que decreta a pobreza para todos e "a mediocridade geral"[11]. Embora reconheça a capacidade do capitalismo para produzir riqueza, ele rejeita seu caráter antagônico, que subordina o conjunto do trabalho – e da sociedade – à busca pelo lucro. Mais igualitarismo só faria democratizar esse mal.

Marx sabia da força dos "grilhões de ouro", mas considerava possível quebrá-los. O que aconteceria se chegássemos a isso? Impossível dizer. A melhor resposta que Marx nos ofereceu talvez esteja em um texto de juventude no qual ele ataca a religião e, já então, os grilhões cobertos por "flores imaginárias": "A crítica destrói as flores imaginárias que adornam os grilhões, não para que o homem carregue seus grilhões sem sonhos e sem consolo, mas para que se livre dos grilhões e colha as flores vivas[12]".

1   Allan Bloom, *The Closing of the American Mind*, Simon & Schuster, New York, 1987. Essa obsessão conservadora de uma decadência da educação foi sistematizada na França pelo ensaísta Alain Finkielkraut.

2   Chris Giles, "Data problems with capital in the 21st century" [Problemas nos dados de *O capital no século 21*], *Financial Times*, Londres, 23 maio 2014, e a resposta de Thomas Piketty, "Technical appendix of the book - Response to *FT*" [Apêndice técnico do livro - Resposta ao *FT*], 28 maio 2014, <http:// piketty.pse.ens.fr>.

3   Movimento político operário do meio do século XIX, no Reino Unido.

4   Richard Henry Tawney, *Equality* [Igualdade], Allen & Unwin, Londres, 1952.

5   Karl Marx, *Le Capital. Livre I* [O Capital. Livro I], tradução francesa dirigida por Jean-Pierre Lefebvre, Presses Universitaires de France, Paris, 1993, p. 693.

6   Steven N. Kaplan e Joshua Rauh, "It's the market: the broad-based rise in the return to top talent" [Isso é o mercado: o crescimento de base ampla no retorno aos melhores talentos], *Journal of Economic Perspectives*, v. 27, n. 3, Nashville, 2013.

7   Ibid.

8   Raphael Kaplinsky "What does the rise of China do for industrialization in Sub-Saharan Africa?" [O que o crescimento da China faz com a industrialização da África Subsaariana?], *Review of African Political Economy*, v. 35, n. 115, Swine (Reino Unido), 2008.

9   Karl Marx, *Le capital*, op. cit., p. 855-857.

10 Ibidem, p. 15.

11 Ibidem, p. 854.

12 "Pour une critique de la philosophie du droit de Hegel" [Para uma crítica da filosofia do direito de Hegel], em Karl Marx, *Philosophie* [Filosofia], Gallimard, coleção Folio Essais, Paris, 1994, p. 90.

DEMOCRACIA: UM PROJETO DE EXTINÇÃO

Será que só a consumação da tragédia apontará a saída para os dilemas atuais?

*Fábio Salem Daie

Jornalista e mestre em Estudos Comparados de Literatura pela USP. Atualmente, realiza pesquisa de doutorado na mesma área sobre as representações da revolução social na América Latina e África portuguesa.

"A revolução não será televisionada" (2003) é o título de um documentário dos diretores irlandeses Kim Bartley e Donnacha O'Briain, sobre o golpe de Estado que depôs – por algumas horas – o ex-presidente venezuelano Hugo Chávez, em 2002. Seu mérito é duplo. Em primeiro lugar, coloca em lentes de aumento um tema tratado mais genericamente por Naomi Klein em seu "A Doutrina do Choque" (2009), a saber: a violência requerida pelo neoliberalismo (como ideologia) e pelo livre mercado (sua forma econômica) para se expandir globalmente, a partir, mais ou menos, da crise do petróleo de 1973. Suspendendo a ilusão de processo natural, Bartley, O'Briain e Klein fornecem estofo dramático ao que o geógrafo britânico David Harvey chama, já há algum tempo, de *accumulation by dispossession* ("acumulação por espoliação"). O outro mérito do filme não é tratar – a despeito do teor de verdade – a manipulação, o perjúrio e a hipocrisia como expedientes das corporações de mídia. Para os dilemas que vivem milhares de manifestantes, hoje, talvez o mais relevante seja isso: a maneira como o documentário se move para discernir, entre as ações violentas do conflito, aquelas comprometidas, à luz do contexto histórico, com o anseio por democracia. E a sugestão, desconcertante, de que a palavra democracia talvez não se resuma ao ordenamento jurídico, ao terreno limpo e iluminado da lei.

Dito isso, não se trata, sem dúvida, de fazer uma apologia à violência (de partida, seria necessário discutir o que se entende por violência). Mas de salvaguardar, pela própria história que conduz à democracia moderna, que é sempre (e somente) o caráter da violência que está em jogo, e não a sua mera existência. De resto, sua existência remete sem cessar a conflitos sociais profundos, com os quais estamosenvolvidos, quer saibamos ou não. Muitas das leis antiprotesto formuladas em dias recentes na Ucrânia[1], na Austrália[2], no Chile[3], no México[4], nos Estados Unidos[5], na Espanha e no Canadá[6] (para citar alguns casos) surgem num amplo contexto de esgotamento de promessas feitas, ainda na década de 1980. Promessas que conduziram, nos anos seguintes, à descaracterização das experiências da social-democracia nas economias centrais; ou, mais recentemente, ao impasse de forças ditas socialistas e renovadoras, mas cuja ascensão ao poder esteve condicionada pelos interesses do capital. Por sua vez, a força motriz dos protestos dificilmente pode ser confundida com a convicção de que é preciso superar os dilemas atuais aos quais chegou o capitalismo. É provável que, na imensa maioria dos casos, trate-se no fundo de uma nostalgia por condições de vida uma vez existentes, agora desaparecidas. Desnecessário dizer que essa nostalgia também deveria ser motivo de preocupação.

Pese esse diagnóstico, a tríade violência, democracia e capitalismo parece apontar, no outro extremo, para algo novo, que se impõe pela impossibilidade objetiva de retornar ao passado. Ao endurecimento da coerção física promovida pelo Estado corresponde uma disputa, no nível ideológico, sobre o significado da violência e da democracia.

Resgatar (porque já houve) algum sentido emancipatório à violência torna-se impossível sem – tarefa hercúlea – reabrir antes o debate acerca das restrições historicamente impostas aos atuais dispositivos democráticos, cada vez mais resistentes à participação do cidadão comum.

Seria o caso de averiguar se, em muitas ocasiões, o que o conservadorismo saúda é, na verdade, o protesto passivo, mais que o protesto pacífico. Contradição aparente, o protesto passivo reserva a seus participantes o direito de agir sem protagonizar transformação alguma. Não seria, portanto, o direito à ação, nem à inação, mas à ilusão da ação. Para alguns arautos do establishment, qualquer coisa que se esquive ao protesto passivo é um mergulho no mar revolto da violência, uma ameaça à terra firme da democracia. Recentemente, porém, algumas mobilizações populares tendem a ver na ameaça à democracia outra causa: o estágio atual de enorme concentração de recursos no ápice da pirâmide social. Se há um consenso, este gira aparentemente ao redor da evidência de uma ameaça – um Mal – que precisa ser eliminada.

A recusa dos poderosos

Em janeiro de 2014, a ONG britânica Oxfam lançou, durante o Fórum Econômico em Davos, um relatório em que chamava a atenção para a alarmante concentração da riqueza. Com o sugestivo título *Working for the few – Political capture and economic inequality* (Trabalhando para poucos – Captura política e desigualdade econômica), o relatório indica que cerca de 1% da população do planeta detém, atualmente, metade de toda a riqueza produzida. Trocando em miúdos, os 85 indivíduos mais ricos possuem o mesmo que os 3,5 bilhões no outro extremo social. O 1% detém 110 trilhões do total de 241 trilhões de dólares. Quanto aos últimos 50%, estes ficam com 1,7 trilhão. Os Estados Unidos lideram a lista de discrepância na divisão do bolo: de 1980 até 2008, praticamente dobrou a tendência que concentra a riqueza no topo da sociedade americana.

Segundo Winnie Byanyima, diretor-executivo da ONG, "sem um esforço organizado para derrubar a desigualdade, a cascata de privilégio e de desvantagem continuará gerações abaixo". Não só isso, mas a "desigualdade progressiva está criando um círculo vicioso onde riqueza e poder estão cada vez mais concentrados nas mãos de poucos"[7]. Com bem menos repercussão que os números, as propostas da Oxfam para um mundo melhor ficaram, por assim dizer, em segundo plano. Taxar progressivamente fortunas e lucros exorbitantes, barrar o favorecimento político das elites econômicas, investir em seguridade social, fortalecer os salários e os direitos trabalhistas são algumas delas. Vale lembrar que o tema da taxação inclui também o combate à sonegação tributária via paraísos fiscais, que entre 2005 e 2010 viram os depósitos dos cinquenta maiores bancos elevarem-se de 5,4 para 12 trilhões de dólares[8].

Compreensivelmente, foi nos Estados Unidos que o relatório Oxfam deu lugar a um segundo e debatido capítulo sobre o tema da concentração de riqueza, agora sob trajes acadêmicos: Le capital au XXIe siècle (O capital no século XXI), celebrado livro do economista francês Thomas Piketty, lançado ali em março de 2014. Um compêndio monumental de dados e análises sobre a desigualdade social, abordando duzentos anos de história e um número expressivo de países, a obra – que mereceu encômios e críticas de uma dezena de prêmios Nobel de Economia – teve seu argumento central resumido (e tão citado que evoca a Teoria da Relatividade, de Einstein) na fórmula r > g: onde "r" representa a taxa média de retorno anual obtido pelo capital e "g", a taxa de crescimento econômico do país. Piketty preocupa-se em mostrar que, enquanto "r" for maior que "g", a desigualdade social tenderá a aumentar.

Seu estudo vem acompanhado por uma constatação ainda mais grave, feita ironicamente por um dos pilares da ordem neoliberal. Em relatório que pode ser considerado como a falência de um discurso histórico, o Banco Mundial assumiu recentemente que mesmo o crescimento econômico, por si, é insuficiente para a redução da pobreza no planeta[9].

Le capital au XXIe siècle reforça a ideia de que o período de maior igualdade econômica da história do capitalismo (os anos clássicos da social-democracia, de 1945 a 1975) foi, na realidade, uma exceção, resultado principalmente de compromissos assumidos após duas guerras mundiais. No entanto, para economistas respeitados como Paul Krugman, seu verdadeiro mérito é "a maneira como demole o mais querido dos mitos conservadores, a insistência de que vivemos em uma meritocracia, na qual grande riqueza é conquistada e merecida"[10]. Krugman se refere à evidência de que a imensa maioria das fortunas é fruto de heranças ou vantagens (educacionais, sociais etc.) desfrutadas por famílias já favorecidas. Porque o Nobel de Economia de 2008 assegurasse que os conservadores não poderiam derrotar os números sem lançar mão de ardis intelectuais, tudo leva a crer que a City de Londres saiu à forra – pelas mãos de Chris Giles, no *Financial Times* –, numa campanha para colocar em xeque os dados de *Le Capital* e assim minar a credibilidade de Piketty[11].

Vale notar que o economista francês subscreve a conexão entre acumulação de riqueza e captura dos processos políticos. Como solução, propõe no livro a criação de um imposto que, por seu caráter mundial, pouparia os países da temida fuga de capitais de terras onerosas para outras, mais amenas[12]. Coincidindo com uma das propostas da Oxfam, dessa vez o ponto foi alvo de grande controvérsia, recebendo críticas da direita e da esquerda. David Harvey – que elogiou o livro de Piketty mas que, de resto, afirma que o mesmo trata sobre desigualdade, não sobre capital – qualificou suas sugestões como "ingênuas e utópicas"[13]. De fato, à parte as esperadas estocadas de veículos como *The Wall Street Journal* ou *Forbes Magazine*, ficou patente a aversão de reconhecidos especialistas na área. O economista Robert Shiller, laureado com o Nobel em 2013, não só desaprova a taxação de grandes riquezas, como defende que, caso ela venha a existir, "que tenha efeito somente no futuro – e apenas se a desigualdade se tornar muito pior"[14]. No Brasil, responsáveis pelos planos econômicos de candidatos à presidência, Guido Mantega, Armínio Fraga e Eduardo Giannetti posicionaram-se contra a proposta[15].

Até aqui, destacamos dois elementos: primeiro, que existe uma (cada vez mais difundida) relação entre concentração de riqueza e captura dos dispositivos políticos pelas elites mundiais; segundo, que, paralelamente à tentativa de tornar inofensivas as manifestações ao redor do globo, voga entre essas elites certo tipo de recusa: essa afirma que 1% possuidor de 50% ainda não é o bastante, e o abismo pode ficar ainda mais fundo. De fato, se nada for feito, o abismo se aprofundará. Para muitos países, como prova Piketty, a média de crescimento nacional ("g") há anos não é maior que a taxa média de retorno do capital financeiro ("r"). A recusa da elite econômica mundial sugere, assim, que a violência do capitalismo não foi suficiente e, por conseguinte, que o pior ainda está por vir. Está por vir e, no entanto, já ocorre. Este pronunciamento velado, aliado a reformas tímidas que não modificam o panorama geral de acumulação nos grandes centros[16], é provavelmente a raiz de uma ideia que, apesar de difusa, parece se espraiar por âmbitos da vida contemporânea. Para tentar mapear essa ideia, valeria a pena elencar um tema que, junto a violência, democracia e capitalismo, completa o quadro das disputas atuais: meio ambiente.

Certa necessidade do Mal

A articulação entre meio ambiente e capitalismo remonta o início da década de 1970, quando do aparecimento das primeiras organizações políticas pautadas pela preservação ambiental e pela ecologia. Com o tempo, tais organizações perderam muito das conotações classista e de resistência popular originárias: o primeiro partido verde, o United Tasmania Group, nasceu na Austrália, em 1972, dos protestos de trabalhadores da construção civil (também conhecidos por Green Bans), que se recusavam a erguer escritórios, shoppings e apartamentos de luxo sobre áreas verdes[17].

Entretanto, é possível que somente na passagem de 1980 para 1990 a questão ambiental tenha se aproximado da noção de "crise", significativamente, justo no momento em que o capitalismo se tornava, com a queda da União Soviética, o primeiro sistema de produção universal. Em 1994, o filósofo norte-americano Fredric Jameson anotava: "parece-me particularmente significativo que a emergência do capitalismo tardio (...), assim como o colapso dos sistemas comunistas do Leste, coincidiram com um desastre ecológico planetário generalizado"[18]. Era o fim, segundo ele, de uma "concepção de produção prometeica", que relacionava dominação da natureza com progresso e bem-estar social.

Das sedes das organizações políticas e dos escaninhos dos intelectuais, o tema da preservação ambiental (e, indiretamente, de sua crise) parece ter chegado ao grande público pela propaganda e pela indústria cultural na passagem seguinte, rumo ao século XXI. Um breve relance, por exemplo, nos comerciais de televisão – veiculados entre 1970 e 2000 – pela gigante petroleira BP Global, permite observar o momento-chave em que o meio ambiente emerge como tema estratégico, atualizador da imagem da empresa britânica diante do "desastre ecológico planetário generalizado". Ainda em 1973, o ator norte-americano Roy Poole, numa praia deserta, dava dicas ao cliente BP para que este economizasse combustível; em 1989, com a energia no centro do discurso, a companhia fazia propaganda de combustíveis sem chumbo na composição. Os comerciais da década seguinte investem na imagem de uma empresa tecnológica, marcada pela rapidez da era computacional. Mas é somente a partir de 2000 que a ideia do comprometimento ambiental extrapola a tela: nesse ano, a British Petroleum abandona seu velho brasão por uma nova logomarca – um círculo colorido de folhas – e lança uma propaganda mundial que encerra com essa analogia: "BP: beyond petroleum" ("para além do petróleo"). O paradigma da crise ambiental, junto à reconstrução do poder da elite financeira via neoliberalismo, entram para a agenda do novo milênio.

Expressão disso é a estreia, no mesmo momento, de um filme que resgatou as clássicas visões do apocalipse em *THX1138* (1971), de George Lucas, ou *Blade Runner* (1982), de Ridley Scott: *Matrix* (1999), de Andy e Lana Wachowski. Dispensados os aspectos formais, seu trunfo – o que atualizou o tema da catástrofe ambiental entre nós – é este: um grande Mal já ocorreu, somente ninguém o soube ainda. Vivemos num mundo condenado, e nossa vida, por sua falsidade, é tanto mais desprezível quanto mais nos apegamos a ela. Se o apocalipse é tema de dezenas de produções hollywoodianas nos dez anos seguintes, *Matrix* (1999) se distingue por essa nota: a catástrofe e a consciência da catástrofe são passos distintos da história. Se o momento da consciência traz consigo um potencial emancipador, este não é garantia alguma de alívio: nossos pecados já foram perpetrados. Com efeito, não residiria aí, transformado em condenação, o mesmo tipo de inevitabilidade que diagnosticamos na recusa de 1% da pirâmide social? Não à toa, de lá para cá, a ideia de inevitabilidade parece estreitar os laços entre catástrofe ambiental, capitalismo e violência[19].

Hoje, lideranças políticas europeias (arquitetos de inúmeros planos de austeridade para salvar o sistema financeiro) rogam aos cidadãos que façam um novo sacrifício por seu país. Simultaneamente, os mesmos cidadãos são bombardeados por filmes em que a natureza indomada – o velho Coração das Trevas – jamais surgiu tão irreconhecível. Em seu mais recente remake, o monstruoso *Godzilla* (2014) emerge para "salvar a cidade", repondo nada menos que o "equilíbrio" ao mundo. O desenlace do filme é o que mais nos interessa aqui. A monstruosidade de Godzilla, concluímos, não é mais a de sua aparência, expressão direta da perversão da natureza. Na versão mais recente, somos levados a encarar o fato de que essa perversão (digamos, de primeiro grau) foi apropriada por aqueles mesmos agentes que pervertem a atual pirâmide social. Quando Godzilla (2014) se torna, ele mesmo, o responsável por restaurar ao mundo sua "normalidade", as consequências derivadas são outras. A real perversão não é mais a da natureza, mas a da monstruosidade em si. Tal perversão (diremos, de segundo grau) afirma que o horror não é mais o horror, mas a providência. É como se o próprio Godzilla dissesse: "Humanos, acalmai-vos, o horror será vossa cura". Em chave semelhante, *Guerra Mundial Z* (2013) já mostrara como a autocontaminação consciente por um vírus mortal seria a única solução, caso a humanidade desejasse sobreviver a seus mortos vivos. Tudo leva a crer que o Mal nunca foi tão necessário.

Já Fredric Jameson, na década de 1990, podia caracterizar o avanço neoliberal nos seguintes termos: "Desse modo, o sistema é considerado como uma espécie de vírus (...) e seu desenvolvimento como algo parecido a uma epidemia (ou, melhor ainda, como uma erupção de epidemias, uma epidemia de epidemias)"[20]. Aqui, a aproximação entre concentração de capital e ameaça biológica carrega não só a noção de inevitabilidade, mas (outra vez) a de que essa inevitabilidade corresponde a um grande Mal. Seria verdade, portanto, que o pior está por vir? Seria possível discernir, em dimensões mais coletivas da vida (na política, na cultura, na economia), uma teleologia perversa da história, alimentada pela ideia da necessidade do Mal? Em *Matrix* (1999), a metáfora da espécie humana como um vírus que destrói tudo ao redor era uma das falas do carismático agente Smith. Numa reversão sinistra, as metáforas do cinema ganham funcionalidade concreta no plano geopolítico: a recente "visão" do líder da extrema-direita francesa, Jean-Marie Le Pen, da utilidade do vírus Ebola como arma contra imigrantes africanos indesejáveis[21]. Essa extrema-direita é, vale lembrar, a força que mais cresceu nas últimas eleições para o parlamento europeu[22], impulsionada pela frustração com os governos ao centro e à esquerda.

No crepúsculo do discurso neoliberal (lembremos o relatório do Banco Mundial), a persistência de uma política de valorização do capital, a despeito da extrema concentração de riqueza, sugere que o futuro não será mais do que um aprofundamento (das misérias) do presente. Quer fazer crer, também, que os protestos passivos, esvaziados de conflituosidade, são o ideal e o ápice da democracia. Em consonância, Hollywood tem nos vendido nos últimos anos que o Mal é inevitável e, mais grave, inocula ele mesmo a suposta cura. Como reverter essa homologia entre catástrofe ambiental e crise social? No âmbito ideológico, parece necessário produzir urgentemente um contradiscurso a esse caráter providencial do Mal. Aqui, talvez apenas a experiência revisitada de duas grandes guerras possa vir ao nosso auxílio.

É preciso que as gerações atuais recuperem um sentido da história que as gerações da Primeira e da Segunda Guerra Mundiais tiveram de conquistar pouco a pouco: o de que o futuro nunca mais será como era antes, nem pode mais repor o agora. As tragédias da primeira metade do século XX mostraram às suas testemunhas que se tornara impossível pensar seus problemas segundo as noções herdadas dos antepassados. Algo assim, é provável, deveria ser resgatado neste momento.

1 Violence as Ukraine anti-protest law enacted. Aljazeera, 21.01.2014.
2 Victoria's anti-protest laws pass lower house by one vote. *The Guardian*, 20.02.2014.
3 El análisis a la "Ley Hinzpeter". CNN, 31.07.2013.
4 El año de las leyes antiprotesta. *El País*, 16.12.2013
5 HR 347 'Trespass Bill' Criminalizes Protest. *The Huffington Post*, 03.12.2012.
6 From Quebec to Spain, anti-protest laws are threatening true democracy. *The Guardian*, 25.11.2013
7 Oxfam: 85 richest people as wealthy as poorest half of the world. *The Guardian*, 20.01.2014.
8 Entretien avec Nicholas Shaxson, auteur de *Les paradis fiscaux*. *Mémoire des Luttes*, 04.07.2012.
9 Poverty, Growth, and Inequality. World Bank Website, 2014.
10 The Piketty Panic, Paul Krugman. *New York Times*, 24.04.2014.
11 Piketty findings undercut by errors. *Financial Times*, 23.05.2014.
12 Save capitalism from the capitalists by taxing wealth, Thomas Piketty. *Financial Times*, 28.03.2014.
13 Afterthoughts on Piketty's Capital, David Harvey. *The Real News*, 20.05.2014.
14 Inequality Disaster Prevention, Robert Shiller. Project Syndicate, 14.05.2014.
15 Economistas de presidenciáveis debatem Piketty. *Valor Econômico*, 16.05.2014
16 Thom Hartmann on "The Crash of 2016: The Plot to Destroy America". Democracy Now, 12.11.2013.
17 Green Bans Movement. Dictionary of Sidney: www.dictionaryofsydney.org.
18 "Fim da arte" ou "Fim da história", Fredric Jameson.
19 Rise in violence "linked to climate change". BBC News, 02.08.2013.
20 Cultura e Capital Financeiro. Fredric Jameson, 1997.
21 Ébola "pode resolver" o problema de imigração da Europa, considera Jean -Marie Le Pen. Publico, 21.05.2014
22 Elections européennes: les résultats dans chaque pays. *Le Monde*, 25.05.2014.

ALTERNATIVAS BRASILEIRAS

Maior ou menor influência do dinheiro na política? Prioridade no controle da inflação ou no crescimento? Programas para toda a população?

Por Samuel Pinheiro Guimarães*

*Diplomata e professor do Instituto Rio Branco (IRBr/MRE), foi secretário-geral do Itamaraty (2003-2009), ministro-chefe da Secretaria de Assuntos Estratégicos (2009-2010) e alto representante-geral do Mercosul (2011-2012). É autor, entre outros livros, de *Quinhentos anos de periferia*, Porto Alegre, UFRGS-Contraponto, 1999, e *Desafios brasileiros na era dos gigantes*, Rio de Janeiro, Contraponto, 2006.

As alternativas brasileiras constituem um complexo de desafios políticos, econômicos, sociais e internacionais que não podem ser bem compreendidos nem enfrentados se não se reconhecer sua inter-relação.

O principal desafio do desenvolvimento brasileiro é de natureza política.

A sociedade e o Estado brasileiros são o que são por causa da enorme concentração de poder político (fenômeno em que se deve incluir o controle, por poucas famílias, dos meios de comunicação de massa) em um número muito reduzido de indivíduos que têm o poder, por sua força econômica e política, de organizar a sociedade e o Estado em seu benefício.

Em um sistema social de democracia liberal conjugada a um regime capitalista, na esfera econômica o poder dos indivíduos para decidir o que se deve produzir e consumir depende do seu poder econômico, isso é, de sua riqueza, de sua renda.

No mercado, a cada unidade monetária corresponde um "voto". Assim, o poder de decisão econômica de um milionário, hoje em dia chamado de modo eufemístico de investidor, de banqueiro ou de empresário, é incomensuravelmente maior do que o poder econômico de um indivíduo de classe média e ainda muito maior do que o de um trabalhador.

Todavia, neste sistema, na esfera da democracia liberal, cada cidadão, independentemente de sua riqueza, tem um voto. Porém, é o conjunto desses votos que vai escolher os cidadãos que vão elaborar as leis e executá-las, inclusive as leis que definem os parâmetros da atividade econômica, as medidas de sua execução e os programas do governo de aplicação dos tributos. Assim ocorre com as leis sobre a propriedade da terra, tributos, bancos e sistema financeiro, os programas sociais e de apoio (crédito, isenções, subsídios) às empresas etc.

Dessa forma, para as classes hegemônicas, de que participam os detentores da riqueza nacional, uma questão essencial é como transformar seu poder econômico em poder político.

Os debates sobre o voto obrigatório ou voluntário; o financiamento público ou privado das campanhas políticas; o caixa dois; o voto distrital, proporcional ou em lista; estão todos relacionados a essa discussão central, pois a questão jurídico-política da legislação eleitoral é fundamental para a definição do poder.

A concentração de poder político e econômico no Brasil decorre historicamente da escravidão, do sistema do latifúndio originado nas sesmarias, na Lei de Terras de 1850 e na concessão de terras devolutas, e da discriminação contra os pobres, os afrodescendentes e as mulheres, fatores esses que se perpetuaram e se perpetuam por meio de mecanismos jurídicos e políticos, tais como o perdão periódico das dívidas dos grandes proprietários rurais, a tributação regressiva, a leniência com a evasão de tributos, o parcelamento periódico de dívidas tributárias, os empréstimos agrícolas e industriais a juros altamente subsidiados, a violência policial, o voto (aberto) de "cabresto" até 1932, a influência do poder econômico nas eleições, a leniência com o oligopólio da mídia etc.

Até 1932, as mulheres não tinham o direito de voto; até 1985, os analfabetos, que eram cerca de 40% da população, não podiam votar; de 1964 a 1985, quando vivemos o regime civil-militar autoritário, nenhum brasileiro podia votar para presidente e governador e para muitas prefeituras, e milhares de políticos, sindicalistas, intelectuais, estudantes e militares de orientação política de esquerda tiveram seus direitos políticos cassados e muitos foram torturados e mortos.

Hoje, somente 10% do Congresso Nacional é composto por mulheres, sendo elas 51% da população; os representantes de trabalhadores urbanos e rurais não chegam a 20%, enquanto os afrodescendentes, na melhor das interpretações, não chegam a 10% do total dos parlamentares.

Enquanto isso ocorre, a "bancada" ruralista tem mais de duzentos integrantes, sendo numerosas as "bancadas" da saúde (representantes de donos de hospitais, empresas de saúde etc.), da educação (representantes dos donos de colégios e universidades privadas e religiosas) e das comunicações (representantes dos proprietários de rádios, televisões, jornais...).

O sistema político brasileiro está longe de ser democrático, visto que a população somente participa da administração do seu Estado por meio de eleições periódicas, influenciadas pelos diversos setores do poder econômico que financiam as campanhas de candidatos, que serão seus "representantes", tanto para o Poder Legislativo quanto para o Poder Executivo. Após as eleições, os eleitores pouco ou nada podem participar do processo de elaboração de leis ou do processo de formulação e execução das políticas públicas. A organização das conferências nacionais, sobre os mais diversos temas, a partir do governo do presidente Lula, foi um passo importante para ampliar a participação popular na política, assim como foi um passo importante mas de difícil execução a possibilidade de promover leis de iniciativa popular. Nada comparável, todavia, ao poder dos grupos de pressão em sua ação permanente junto ao Executivo, ao Legislativo e ao Judiciário.

O sistema político brasileiro, que tantos progressos fez nos últimos quase trinta anos em direção a uma democracia efetiva, inclusive em razão dos esforços de inclusão dos excluídos, pode ser ainda, todavia, classificado como plutocrático, o que, na definição de Aristóteles, significa o governo dos ricos.

A grande alternativa do desenvolvimento político brasileiro é resignar-se a esse sistema político e econômico, que concentra renda, riqueza e poder, e nele fazer, a duras penas, ajustes superficiais, ou tentar transformar esse sistema plutocrático em um sistema verdadeiramente democrático, em uma moldura jurídica atual de democracia formal, cujos instrumentos de mudança se encontram, em grande parte, no Legislativo nas mãos de "representantes" daqueles que concentram o poder econômico e não têm o menor interesse em perder o controle sobre os mecanismos normativos que disciplinam as atividades econômicas e, portanto, a distribuição da riqueza.

A solução para essa alternativa político-econômica é articular uma campanha para a aprovação de uma emenda constitucional que determine a convocação de uma Assembleia Nacional Constituinte ampla e exclusiva, isso é, composta por indivíduos eleitos exclusivamente para elaborar uma Constituição, por meio de eleições com financiamento público e igualdade de tempo na televisão e nos meios de radiodifusão para todos os candidatos, que trate de forma efetiva de temas como a democratização dos meios de comunicação, a revogação de mandatos pelo povo, o plebiscito e o referendo.

A alternativa econômica

A atual crise da economia internacional e a emergência simultânea da China como a nova fronteira de capitalismo e principal centro manufatureiro internacional, com extraordinária demanda por minérios e por alimentos e enorme capacidade de exportação de produtos industriais, encontram-se na base da atual alternativa de políticas para o desenvolvimento econômico brasileiro.

A crise econômica nos países altamente industrializados faz que estes procurem escapar dela por meio de medidas que afetam profundamente o Brasil:

a) a redução das taxas de juros, a níveis às vezes até negativos, para estimular os investimentos tornou mais atrativos aqueles mercados financeiros onde as taxas de juros são elevadas, como é o caso do Brasil;

b) a política de emissão de moeda para socorrer entidades financeiras em dificuldades, inclusive para resgatar títulos "derivativos" em sua posse e "limpar" o mercado, provoca um movimento permanente de desvalorização do dólar e do euro nos mercados cambiais, inclusive em relação ao real;

c) os programas governamentais dos países desenvolvidos de estímulo às exportações, em especial de produtos industriais, e as medidas de restrição às importações, como instrumentos de reativação da atividade econômica, afetam a balança comercial brasileira.

A gigantesca demanda chinesa por minérios e produtos agrícolas provocou uma alta significativa de preços internacionais dessas commodities e, portanto, receitas extraordinárias de divisas para os países capazes de exportar esses produtos, como é o caso do Brasil.

Ao ingresso de divisas decorrentes do aumento do valor das exportações de produtos primários, somou-se a entrada de dólares causada, em primeiro lugar, pela política de alívio quantitativo (*quantitative easing*) do governo norte-americano, que emite US$ 75 bilhões por mês para comprar títulos públicos e derivativos que estão na posse dos bancos privados; em segundo lugar, pela emissão de euros pelo Banco Central Europeu; e, em terceiro lugar, pelo ingresso de divisas em razão das oportunidades de investimentos mais lucrativos.

Além desses fatores, deve-se considerar a política do Banco Central, que faz que o Brasil tenha uma das mais altas taxas de juros do mundo, o que atrai capitais especulativos e voláteis de todas as partes.

Essa situação faz que o real tenda permanentemente a se valorizar e, assim, a tornar mais baratas as importações, em especial de produtos industriais, as despesas dos turistas brasileiros no exterior e as remessas de lucros e todo tipo de pagamentos ao exterior.

De outro lado, o real valorizado torna mais difíceis as exportações brasileiras, que ficam menos lucrativas na nossa moeda, e faz que o Brasil seja um destino turístico menos atraente.

A essa situação cambial podemos juntar o efeito dos baixíssimos preços, reais ou artificiais, das importações de produtos industriais de consumo e de bens de capital provenientes da China e também o efeito dos esforços de promoção de suas exportações e de redução de importações dos países altamente industrializados, isso é, dos Estados Unidos e da Europa ocidental, como forma de reduzir os efeitos domésticos de suas crises econômicas.

Esse conjunto de situações contribui para a desindustrialização, a desnacionalização e a "reprimarização" da economia brasileira, pois:

a) torna mais lucrativos os investimentos, tanto nacionais como estrangeiros, no agronegócio, na mineração, no setor financeiro e no setor de serviços, inclusive de saúde e educação, que não sofrem a concorrência estrangeira, e menos atraentes os investimentos no setor industrial;

b) torna crescente a participação das importações de produtos industriais no total do consumo doméstico brasileiro;

c) torna crescente a participação de partes e peças importadas nas cadeias produtivas brasileiras;

d) torna mais fácil a aquisição de empresas brasileiras, fragilizadas, por empresas estrangeiras;

e) torna a pauta brasileira de exportações cada vez mais constituída por produtos primários e, portanto, faz que a volatilidade das receitas de exportação se torne maior.

A primeira alternativa para o desenvolvimento econômico é a seguinte:

1) executar uma política econômica que:

a) aceite implicitamente as recomendações do Consenso de Washington, tais como:

- equilíbrio orçamentário;
- abertura indiscriminada, sem controle e disciplina, ao capital estrangeiro;
- privatização;
- ausência de controle dos fluxos de capital;
- prioridade para o pagamento do serviço da dívida pública;
- prioridade absoluta ao controle da inflação, sem consideração para com os níveis de emprego e de crescimento.

b) aceite taxas de crescimento baixas, ainda que isso signifique um aumento da distância econômica entre o Brasil e os países desenvolvidos de dimensões semelhantes, o que acarreta o aumento do subdesenvolvimento;

c) priorize o pagamento do serviço da dívida pública em relação aos investimentos, o que significa uma transferência de recursos públicos originados dos impostos cobrados da maioria da população para os detentores desses títulos, que são os segmentos mais ricos da população, aumentando a concentração de riqueza;

d) não privilegie nem proteja o desenvolvimento e a integração da estrutura industrial brasileira;

e) não essabeleça condições para os investimentos estrangeiros que se destinam ao Brasil em busca de lucros extraordinários decorrentes dos baixos salários e de situações de oligopólio;

f) confie que o Brasil pode se tornar permanentemente um grande exportador competitivo de commodities e, com as divisas obtidas, importar todos os bens de consumo e de produção demandados pela sociedade;

g) priorize acima de tudo o controle da inflação e não receie tornar o Brasil mais uma vítima da "doença holandesa".

Ou:

2) adotar uma política de crescimento econômico acelerado capaz de utilizar de forma mais plena e eficiente os recursos de trabalho, de capital e de recursos naturais da sociedade brasileira e, assim, reduzir a distância entre o Brasil e os países altamente desenvolvidos por meio das seguintes medidas:

a) aproveitar a atual situação, que pode se revelar temporária, de elevados preços para os produtos primários e de forte demanda da China para essabelecer impostos de exportação e, com a receita destes, criar fundos específicos para financiar investimentos que visem à transformação industrial desses produtos primários, agregando valor, e desenvolvam a infraestrutura das regiões onde são produzidos;

b) privilegiar as importações de bens de capital e desestimular as importações de bens de consumo suntuário;

c) disciplinar o capital estrangeiro para que ele amplie a capacidade instalada no Brasil e contribua para a diversificação das exportações e para o desenvolvimento tecnológico;

d) taxar de forma diferenciada, de acordo com o prazo de sua permanência no Brasil, os fluxos de capital especulativo;

e) aumentar, em coordenação com os sócios do Mercosul, os impostos de importação até o limite das tarifas consolidadas no Gatt-94 e essabelecer impostos específicos nos casos de preços de importação notadamente inferiores aos preços praticados no mercado internacional;

f) garantir a realização dos investimentos, de natureza estratégica, pelo Estado nas áreas de energia e de transporte quando não houver interesse das empresas privadas;

g) essabelecer metas de emprego e de crescimento a serem obedecidas em conjunto com as metas de inflação.

A alternativa social

A partir de 2003, os êxitos dos programas brasileiros de combate à fome, à miséria e à desigualdade de gênero e de origem étnica, que resultaram em maior inclusão social, são notáveis e reconhecidos tanto pelos organismos internacionais como pelos países dos mais diferentes continentes.

Todavia, ainda resta muito a fazer, como indica o fato de 13,7 milhões de famílias – cerca de 55 milhões de brasileiros, ou um quarto da população do país – serem beneficiárias do programa Bolsa Família, isso é, contarem com uma renda *per capita* mensal inferior a R$ 70, o que totaliza R$ 280 para uma família média de quatro membros.

A gravidade desse fato pode ser medida quando se considera que o valor do salário mínimo por trabalhador no Brasil é de R$ 724 e que, portanto, uma família em que dois adultos ganhem, cada um, um salário mínimo tem um rendimento mensal de R$ 1.448.

A alternativa de política social no Brasil é procurar atender:

a) ou, a curto prazo, às demandas de educação, saúde e transporte de toda a população, isso é, dos ricos, da classe média, dos pobres e dos excluídos;

b) ou, de forma qualificada, consistente a curto, médio e longo prazo, e com absoluta prioridade, às demandas da enorme população pobre e excluída.

Assim, na educação é mais importante criar condições para uma educação de qualidade para os brasileiros excluídos, ainda que nem todos possam ser atendidos imediatamente, do que tentar incluir no sistema educacional todas as pessoas para receberem uma educação de baixíssima qualidade, como comprovam as estatísticas sobre analfabetismo funcional, os resultados de quaisquer exames gerais em qualquer nível de ensino, a remuneração baixíssima dos professores e o número de professores "leigos".

As iniciativas estratégicas fundamentais na área da educação são:

a) criar uma carreira nacional de professor de ensino primário e médio com níveis salariais capazes de atrair jovens qualificados;

b) criar escolas de formação de professores, com ênfase nas disciplinas de Matemática e Português, como condição de acesso à carreira nacional de professor;

c) ampliar significativamente o número de escolas de tempo integral de ensino verdadeiro, e não apenas de recreação esportiva ou cultural, de acesso democrático a todos os setores da população, por sorteio dos candidatos, até incluir no horário integral todas as crianças e os jovens.

Assim, na saúde é mais importante:

a) estender o sistema de saneamento básico e de água potável, a começar pelas regiões mais pobres das periferias urbanas, do que instalar equipamentos médicos de alta complexidade e custo elevadíssimo, tais como tomógrafos, para atender às demandas da classe média;

b) dar toda prioridade a campanhas de medicina preventiva em relação aos programas de medicina curativa. O fato de no Brasil haver 50 mil vítimas fatais de acidentes de automóvel por ano e, portanto, cerca de 200 mil vítimas não fatais; de serem 50 mil as vítimas de homicídio e de a obesidade, inclusive infantil, essar se tornando uma epidemia, com todos os seus efeitos sobre a ocupação dos hospitais e as despesas do sistema único de saúde, demonstra, a título de exemplo, a necessidade e a prioridade que se deve atribuir a essas campanhas preventivas;

c) dar prioridade à coleta e ao processamento industrial do lixo urbano, cujo acúmulo é fonte de todo tipo de doenças e contribui para a baixa autoestima da população mais pobre.

A situação extremamente precária dos transportes públicos, em especial de ônibus e trens nas grandes cidades, afeta a saúde, inclusive psíquica, e a capacidade de trabalho e lazer da população que deles se utiliza, formada, de fato, pelos trabalhadores mais pobres. Assim, nesse setor é mais importante investir no transporte de massa, em especial nos sistemas de trens dos subúrbios e periferias das grandes cidades, do que na construção de metrôs que atendem às populações dos bairros de classe média, e de viadutos e grandes avenidas, que beneficiam os proprietários de automóveis.

A alternativa internacional

Os desafios internacionais do desenvolvimento brasileiro são de natureza política, militar e econômica, e nesses três casos são inter-relacionados e podem ser examinados em conjunto.

A primeira alternativa é incorporar o Brasil, de forma ainda mais profunda, ao sistema político, militar e econômico ocidental, liderado pelos Estados Unidos e manter o país como um Estado periférico, subdesenvolvido e com reduzido grau de autonomia, inclusive para promover seu próprio desenvolvimento econômico.

Na área política, essa primeira alternativa significa:

a) despriorizar a campanha para obter um assento permanente no Conselho de Segurança das Nações Unidas e reduzir sua estratégia de aproximação, em todos os setores, com os países do Sul e "amortizar" sua reivindicação junto às grandes potências e a seus Estados "associados";

b) reduzir a ênfase no objetivo de formação de um bloco regional na América do Sul, a partir do Mercosul e da Unasul;

c) negociar acordos de "livre-comércio", na realidade acordos de consolidação de normas restritivas ao desenvolvimento e altamente assimétricos, com países desenvolvidos.

Na área militar, essa primeira alternativa significa:

a) não priorizar o desenvolvimento tecnológico nas áreas nuclear, espacial e de tecnologia da informação;

b) aceitar os acordos de desarmamento promovidos pelos Estados Unidos, pelas grandes potências e seus Estados "associados";

c) não priorizar o desenvolvimento da indústria bélica nacional;

d) priorizar a importação de material de defesa em prejuízo da produção e da pesquisa nacional, como foi o caso da aquisição de veículos aéreos não tripulados (Vant) pela Polícia Federal.

Na área econômica, essa primeira alternativa significa:

a) despriorizar os esforços de diversificação das exportações para a África, o Oriente Próximo e a Ásia;

b) não dar ênfase aos esforços de integração da América do Sul, em especial do Mercosul;

c) não aproveitar a demanda extraordinária por produtos primários de parte da China para promover o processamento industrial, no Brasil, desses produtos primários, com eventual cooperação com esse país oriental, e se conformar com "apelos" para que as empresas diversifiquem suas exportações;

d) não disciplinar as atividades das empresas estrangeiras instaladas no Brasil de modo a fazer que elas contribuam efetivamente para a modernização do parque industrial, para a diversificação e o aumento das exportações e para o desenvolvimento tecnológico da economia brasileira.

A segunda alternativa constitui a estratégia de transformar a inserção do Brasil no sistema internacional, político, militar e econômico de modo a fazê-lo participar do sistema político internacional em uma posição que permita defender e promover seus interesses (e da América do Sul) atuais e futuros; venha a ter uma capacidade de defesa capaz de dissuadir qualquer eventual agressor e assim resguardar sua soberania; permita que a economia brasileira reduza a distância que a separa das economias altamente desenvolvidas.

Na área política, essa segunda alternativa significa:

a) priorizar a campanha para obter um assento permanente no Conselho de Segurança das Nações Unidas e, para tal, fortalecer sua estratégia de aproximação, em todos os setores, com todos os países do Sul, independentemente de sua organização política e social, e reivindicar, com firmeza, junto às grandes potências, em especial aquelas que são membros permanentes do Conselho, e junto a seus Estados "associados", essa sua legítima aspiração;

b) ampliar os esforços de formação de um bloco regional na América do Sul, com fundamento nos princípios de não intervenção, de autodeterminação, de cooperação e de responsabilidade brasileira no processo de redução de assimetrias, especialmente por meio da ampliação significativa do Fundo de Convergência Estrutural do Mercosul (Focem).

Na área militar, essa segunda alternativa requer:

a) priorizar o desenvolvimento tecnológico e os investimentos nas áreas nuclear, espacial e de tecnologia da informação, o que significa garantir recursos orçamentários, não contingenciáveis e previsíveis para períodos de pelo menos cinco anos;

b) não subscrever acordos de desarmamento promovidos pelos Estados Unidos, pelas grandes potências e seus Estados "associados", em especial aqueles acordos de natureza assimétrica, os quais tais potências muitas vezes não subscrevem ou não cumprem de fato ou dos quais não participam;

c) priorizar o desenvolvimento da indústria de defesa nacional por meio de programas de desenvolvimento e de aquisição de equipamentos, com recursos previstos em orçamento plurianual, não contingenciáveis;

d) priorizar a aquisição de material de defesa de produção nacional e evitar a importação de equipamentos, mais baratos a curto prazo, porém mais "caros" a longo prazo, posto que prejudicam o desenvolvimento tecnológico autônomo.

Na área econômica, essa segunda alternativa significa:

a) priorizar a política de integração econômica da América Latina, em especial da América do Sul, visando à redução das assimetrias e ao desenvolvimento industrial de todos os países da região;

b) priorizar os esforços de diversificação das exportações para a África, o Oriente Próximo e a Ásia por meio da alocação de recursos significativos, semelhantes aos que são dedicados, por exemplo, pela Índia;

c) aproveitar a demanda extraordinária chinesa por produtos primários e negociar com esse país programas de promoção do processamento industrial, no Brasil, desses produtos primários, criando fundos específicos para cada setor com os recursos decorrentes de impostos de exportação, a serem aplicados no desenvolvimento industrial e na infraestrutura do setor, e geridos com a participação dos empresários ligados a este;

d) disciplinar as atividades das empresas estrangeiras instaladas no Brasil, cuja presença hoje é imensa, fazendo-as contribuir efetivamente para a ampliação da capacidade instalada, para a modernização tecnológica e, assim, para a maior competitividade da produção industrial brasileira, e para a diversificação e o aumento das exportações, utilizando para alcançar tais objetivos o poder de compra e de concessão de crédito do Estado.

Muitos e árduos são os desafios do desenvolvimento brasileiro, mas, se não forem enfrentados, maior será o custo para a sociedade e mais remota a possibilidade de realizar o sonho de um país mais justo, próspero, igual, democrático e soberano.